Linzer Schriften zur Frauenforschung

Reihe

Linzer Schriften zur Frauenforschung

Herausgegeben von

Univ. Prof. Dr. Ursula Floßmann

Diese Schriftenreihe im Universitätsverlag R. Trauner will frauenrelevante Untersuchungsergebnisse einem breiteren Publikum zugänglich machen, um Lükken im Wissen über Frauen zu schließen und die Sensibilität für die Benachteiligung von Frauen in den unterschiedlichsten Lebensbereichen zu fördern.

Gedruckt mit Unterstützung von:
Land Oberösterreich
Stadt Linz
Linzer Hochschulfonds

Ilse Hackl

DAS RECHT AUF (BEZAHLTE) ARBEIT

Die Arbeitsmarktsituation von Frauen in oberösterreichischen Krisenregionen

Linzer Schriften zur Frauenforschung
Band 2

Das Logo auf dem Titelbild stammt von Gerald Raab, 5. Klasse HGBLA für Kunstgewerbe, und ist aus einem von der Linzer Koordinationsstelle für Frauenforschung und Frauenstudien initiierten SchülerInnenwettbewerb hervorgegangen.

Universitätsverlag R. Trauner
Linz 1996

ISBN 3 85320 812 6

Anstelle eines Vorworts ...

„Ein wesentliches Merkmal entwickelter Industriegesellschaften ist soziale Ungleichheit. Sie hat zu tun mit unterschiedlicher Verfügung über Eigentum und Besitz, Bildungs- und Ausbildungschancen, Qualifikation und Stellung auf dem Arbeitsmarkt - je nach den herrschenden konjunkturellen Anforderungen. Ein wesentliches Kriterium sozialer Ungleichheit ist auch die Geschlechtszugehörigkeit. Überall dort, wo gesellschaftliche Gruppen benachteiligt sind, sind Frauen innerhalb dieser Gruppen noch einmal zusätzlich unterprivilegiert.

Insofern ist der Begriff der 'Zwei-Drittel-Gesellschaft' in bestimmter Hinsicht für Frauen schon längst wahr geworden: Frauen stellen zwar etwas mehr als die Hälfte der Bevölkerung, doch zwei Drittel der Dauer-Sozialhilfeempfänger und zwei Drittel der Ausgleichszulagenempfänger. Sie erreichen im Durchschnitt nur zwei Drittel der Einkommens- und Pensionshöhen der Männer und sie stellen zwei Drittel der Bildungsbenachteiligten, das heißt jener, die nur einen Pflichtschulabschluß nachweisen können. Außerdem verursachten in den letzten Jahren Frauen zwei Drittel des Anstiegs der Arbeitslosigkeit - das heißt: von drei zusätzlichen Arbeitslosen waren in der Regel zwei weiblich.

Für den Umstand, daß Frauen in weiten gesellschaftlichen Bereichen weniger Einfluß haben als Männer und daß sie vorallem im Erwerbsleben über wesentlich geringere Karriere- und Einkommenschancen verfügen, werden verschiedene Erklärungen angeboten. Die populären lauten: Frauen sind weniger energisch, weniger zu analytischem Denken geeignet (plumper formuliert: weniger intelligent), Frauen haben eine natürliche Anlage zu besonderen Arbeiten (einfache, sich wiederholende Tätigkeiten, die einige Geschicklichkeit erfordern, sowie Hausarbeit einschließlich Versorgung und Erziehung von Kindern).

Diese biologischen Erklärungsmuster bestimmen, manchmal in etwas differenzierterer Form, heute noch stark die Debatte über weibliche Erwerbsarbeit: Niedere Einkommen und geringe Aufstiegschancen werden mit dem Argument gerechtfertigt, weibliche Erwerbsarbeit sei nur eine zeitweilige Alternative zur eigentlichen Bestimmung der Frau als Gattin, Hausfrau und Mutter."[1]

Linz, im Oktober 1996 Ilse Hackl

---

[1] *Greussing,* "Frauenarbeit", in Pädagogische Schriftenreihe. Museum Industrielle Arbeitswelt (1990) 11.

Inhaltsverzeichnis

Einleitung

Frauen stellen die Mehrheit an der Bevölkerung, trotzdem werden sie wie eine Minderheit behandelt. Am deutlichsten zeigt sich diese Benachteiligung am Arbeitsmarkt. Frauenberufe rangieren eher am unteren Ende der Berufshierarchie, in Spitzenpositionen dringen Frauen nur in Ausnahmefällen vor, in Krisenzeiten werden vorrangig Frauenarbeitsplätze abgebaut und arbeitssuchende Frauen erleben oft unglaublich demütigende Situationen. Aber wie funktionieren diese Mechanismen der Ausgrenzung und Diskriminierung? Und vor allem: Wie werden sie von den Frauen selbst erlebt?

Der Radio-Ohrwurm des Sommers 1994 stammte von der Sängerin Lucilectric und trug den Titel: "Ich bin so froh, daß ich ein Mädchen bin...". Das Lied war ständig im Radio zu hören - auch als ich gemeinsam mit KollegInnen die Vorbereitungen zu einer Frauenveranstaltung in Braunau traf. Thema der Veranstaltung: "Wir Frauen melden uns zu Wort"; Ziel der Veranstaltung: Den Frauen aus dem Bezirk sollte eine Plattform geboten werden, wo sie Wünsche und Bedürfnisse, Diskriminierungen und alltägliche Hindernisse artikulieren und mit Verantwortlichen diskutieren können.

Die Ergebnisse der Arbeitskreise, die präsentiert wurden, brachten teilweise erschütternde Schicksale und Erlebnisse an die Öffentlichkeit - und nicht nur in Braunau. Auch in Steyr, Vöcklabruck und Linz, wo ebenfalls Veranstaltungen abgehalten wurden, waren die Aussagen ähnlich. Diskriminierungen bei der Arbeitssuche, bei Vorstellungsgesprächen und im Betrieb; Einschränkungen durch fehlende Betreuungseinrichtungen, Schulden, Lebensverhältnisse an der Armutsgrenze von Alleinerzieherinnen und vieles mehr.
"Ich bin so froh, daß ich ein Mädchen bin - weil ich ja sowieso gewinn..."

Die Diskrepanz hätte größer nicht sein können.
Den Veranstaltungen waren Erhebungen der wirtschaftspolitischen Abteilung der Kammer für Arbeiter und Angestellte vorausgegangen, die die Situation arbeitssuchender Frauen in Krisenregionen durchleuchten sollte; mit der Durchführung der Studie wurden eine Kollegin und ich von der Arbeiterkammer beauftragt. Ausgewählt wurden die bereits oben angeführten Bezirke Braunau, Steyr und Vöcklabruck. Die beiden erstgenannten Bezirke gelten in Oberösterreich als Krisenregionen; die Ergebnisse der Erhebungen in Vöcklabruck sollten den anderen Ergebnissen gegenübergestellt werden, um zu evaluieren, daß die Probleme der Frauen am Arbeitsmarkt nur bedingt mit der wirtschaftlichen Situation der Region zusammenhängen. Die Arbeiten zu den Erhebungen begannen im März 1994 und endeten mit der Zentralenquete "Zukunftsweibsbilder" in Linz im Oktober 1994. Mit dem Einverständnis der Auftraggeber bilden die dabei gewonnenen Daten und Aussagen aus 43 qualitativen Interviews die Basis für diese Diplomarbeit.

Befragt wurden vor allem Industriearbeiterinnen, die in der Folge von Betriebsschließungen bzw. -verlagerungen ins Ausland ihren Arbeitsplatz verloren hatten. Diese Frauen sind wegen ihrer zumeist geringen Qualifikation besonders schwer zu vermitteln, da neue, ähnliche Arbeitsplätze in Fabriken kaum mehr geschaffen werden. Arbeiterinnen, die früher selbstbewußt und stolz auf ihre Leistungen und ihr Einkommen waren, müssen nun bei der Jobsuche feststellen, daß sie "eigentlich nichts können", d.h. daß ihre Qualifikation auf dem Arbeitsmarkt nicht nachgefragt wird. Aber auch einige Frauen mit hochklassiger Qualifikation wurden interviewt. Ihre Antworten sind ebenso aufschlußreich, da sie aufzeigen, daß auch eine gute Ausbildung nicht vor Arbeitslosigkeit und schon gar nicht vor Diskriminierung schützt.

Die Hintergründe und Zusammenhänge jener Faktoren, die Frauen am Arbeitsmarkt benachteiligen, sind vielfältig. In dieser Arbeit sollen die wesentlichen Ursachen, die Frauen am Arbeitsmarkt einschränken und diskriminieren, in das Blickfeld gerückt werden.

Unter der Perspektive verschiedener Arbeitsformen (Ausbildung, Erwerbsarbeit, Hausarbeit) geraten in den Blickpunkt:

- jene Faktoren, die Frauen zur "Problemgruppe" am Arbeitsmarkt werden läßt: die Determinanten der Berufswahl, die die Herausbildung "typischer" Frauenberufe begünstigen; die Struktur und das Sozialprestige eben dieser "weiblichen" Berufe und das Alternativrollenkonzept;
- die Arbeitsbedingungen von Frauen; der Stellenwert dieser Arbeit und der Stellenwert des eigenen Einkommens;
- eine Gegenüberstellung der "Karrierefrau" und der "Nur-Hausfrau";
- Auswirkungen der Arbeitslosigkeit, beginnend von der Situation der Kündigung über Schwierigkeiten bei der Jobsuche bis hin zum Endpunkt des beruflichen Werdeganges ungelernter Frauen - dem Putzjob.

Dabei werden Ergebnisse einschlägiger Literatur bzw. verschiedener Presseartikel zusammengefaßt und - soweit thematisch passend - mit Kurzbiographien und Aussagen aus Interviews mit betroffenen Frauen untermauert. Wie die Erhebungen in oberösterreichischen Bezirken zeigen, können aus den Ergebnissen Rückschlüsse auf die allgemeine Arbeitsmarktsituation von Frauen gezogen werden. Anders gesagt, die Probleme einer Arbeitnehmerin aus Oberösterreich, die auf der Suche nach einem neuen Arbeitsplatz ist, unterscheiden sich wohl nur marginal von jenen Schwierigkeiten, mit denen eine arbeitssuchende Frau in der Steiermark konfrontiert ist.

Im zweiten Teil wird anhand dreier Biographien thematisiert, wie ähnlich weibliche Sozialisation verläuft, obwohl Lebensalter und -erfahrung, persönliche Lebenseinstellung, berufliche Entwicklung und individueller Hintergrund der Frauen divergieren.

Ziel dieser Arbeit ist es, die Probleme der erwerbstätigen Frauen aufzuzeigen; die - teilweise sehr subtilen, teilweise aber auch offen gezeigten -

Diskriminierungen und Schwierigkeiten, mit denen sie im Alltag konfrontiert sind, sichtbar zu machen. Vorrangiges Ziel ist es jedoch auch, Verständnis für die Alltagsbedingungen von Frauen hervorzurufen sowie für ihr täglich erlebtes Spannungsverhältnis zwischen Beruf und Familie zu sensibilisieren.

Frauen zwischen Beruf und Familie

1. Der Arbeitsmarkt

1.1. Die „Problemgruppe“ als arbeitsmarktpolitisches Korrektiv

"Die Frauen sind immer die ersten, die gekündigt werden!"

Diskontinuierliche Erwerbsverläufe durch Kindererziehung, mangelnde regionale und zeitliche Mobilität, zu jung oder zu alt, über- oder unterqualifiziert und gesellschaftlich tradierte Normen und Wertvorstellungen, all diese Faktoren behindern Frauen in ihrer beruflichen Entwicklung. Bei keinen Arbeiten, die sich mit "Problemgruppen" am Arbeitsmarkt auseinandersetzen, fehlen die Frauen und der Hinweis auf die sich ihnen bietende Möglichkeit, sich aus dem Berufsleben zurückziehen zu können: zumeist werden sie in einer Reihe mit AusländerInnen und Behinderten genannt, bei denen der Rückzug vom Arbeitsmarkt ebenfalls gesellschaftlich legitimiert werden kann.

"Die Problemgruppen des Arbeitsmarktes - Frauen, Gastarbeiter, Behinderte, Jugendliche und ältere Arbeitnehmer, allenfalls auch unqualifizierte Arbeitskräfte - haben es besonders schwer, legitime Ansprüche auf die Sicherung eines Arbeitsplatzes geltend zu machen. Denn für sie stehen gesellschaftliche 'Alternativrollen' bereit: Frauen können in den Status der Nur-Hausfrau zurückkehren, Gastarbeiter in ihre Heimatländer abwandern, Behinderte in 'geschützte Sektoren' abgeschoben werden. Der Berufsausübung dieser Gruppen wird also eine 'halbierte Legitimität' zuteil: Eine Aktivität aber, die schon in Zeiten der Vollbeschäftigung eher mit Skepsis angesehen wird, muß in Zeiten der Beschäftigungsknappheit vollends prekär werden."[2]

[2] *Rothschild/Tichy (Hg)*, Arbeitslosigkeit und Arbeitsangebot in Österreich (1987) 220.

Die Erwerbsbeteiligung von Frauen steigt jedoch ständig: von 61,8% (1991) auf 63,3% (1992) (Quelle: BMAS), während die der Männer stagniert. Besonders hohe Erwerbsquoten weist die Gruppe der Alleinerzieherinnen auf. "Nach den Ergebnissen des Mikrozensus (1989) sind von den Frauen mit (mindestens) einem Kind unter sechs Jahren 52% der Alleinerzieherinnen, aber nur 37% der Frauen mit Partner erwerbstätig; Bei Frauen, deren jüngstes Kind zwischen 6 und 15 Jahre alt ist, betragen die entsprechenden Anteile 72 bzw. 48%. Mit diesen Ergebnissen ist das Argument zu widerlegen, daß es sich beim Einkommen der Frauen ohnehin nur um ein 'Dazuverdienen' zum höheren Einkommen des Mannes handle."[3]

Trotz ihrer Mehrheit an der Bevölkerung, trotz ihrer ansteigenden Erwerbsquote gelten Frauen am Arbeitsmarkt nach wie vor als "Problem-" oder "Randgruppe"[4]. Diese "Randgruppe" kann am leichtesten als arbeitsmarktpolitisches Korrektiv verwendet werden: Ist das Arbeitskräfteangebot knapp, so können Frauen sehr wohl durch einen Ausbau der Betreuungseinrichtungen und durch Beschäftigungsoffensiven auf den Arbeitsmarkt geholt werden. Tritt jedoch die umgekehrte Entwicklung ein - sinkendes Arbeitsplatzangebot bei steigender Arbeitslosigkeit - so werden Frauen zurück an den Herd geschickt.

"Die Frauen sollen sich gefälligst auf ihre natürlichen Aufgaben besinnen. Die Natur der Frau ist selbstlos. Tätigkeiten, für die Geld gezahlt wird, widerstreben eigentlich der Natur der Frau. Während der Hochkonjunktur waren wir leider gezwungen, das abartige Erscheinungsbild der geldverdienenden Frau hinzunehmen, aber nun sind wir Gott sei Dank wieder in der Lage, den alten Werten Geltung zu verschaffen. Mütter, bleibt bei euren Kindern.(...)

[3] *Wolf/Wolf,* Wieviel weniger...?, Einkommensunterschiede zwischen Frauen und Männern in Österreich (Bundesministerium für Arbeit und Soziales) (1991) 52.

[4] *Einfalt,* Problemgruppen am Arbeitsmarkt. Von der Betreuung zur Beratung (Sozialwissenschaftliche Materialien XXXI) (1992).

Dabei sind die Frauen den Männern gegenüber im Vorteil, weil sie keine Existenzangst haben müssen. Sie brauchen ja nicht arbeiten zu gehen. Eine halbwegs ansehnliche und liebenswürdige Frau findet immer einen Mann, der ihr eine warme Suppe zahlt, schon gar, wenn sie ihm dafür die Küche aufwischt. Männer haben ein instinktives Bedürfnis, für die Frauen zu sorgen, wie jede Unterhaltsstatistik zeigt."[5]

Wenn auch mit bitterer Ironie, so trifft Elfriede Hammerl den Nagel doch genau auf den Kopf. Frauen haben die (scheinbare) Möglichkeit, sich in den Haushalt zurückzuziehen, der Großteil der berufstätigen Frauen arbeitet immer noch in relativ unattraktiven Branchen, und Frauen in Spitzenpositionen sind immer noch die Ausnahme und nicht die Regel. Bei Bedarf einberufen und dann wieder entlassen - diese historischen Konstellationen erlaubten den Frauen nicht, ein gefestigtes Rollenbild in bezug auf außerhäusliche Berufstätigkeit zu entwickeln. Herrscht Mangel an männlichen Arbeitskräften werden die Frauen umworben und mobilisiert; sinkt jedoch das Arbeitsplatzangebot, dann werden die Frauen zurück an den Herd gelobt.

Der gesellschaftliche Zuschnitt auf die männliche Erwerbsbiographie bewirkt, daß Frauen durch ihre anders gelagerten, zumeist diskontinuierlichen Berufsverläufe (unterbrochene Erwerbstätigkeit, Teilzeitarbeit wegen der Kinder, etc.) aus dem Geltungsbereich der Richtlinien weitgehend ausgegrenzt und somit zur "Problemgruppe" werden.

Frau G. ist 36 Jahre alt, lebt in Lebensgemeinschaft und hat keine Kinder. Sie hat keine abgeschlossene Berufsausbildung sondern geht gleich nach Beendigung der Pflichtschule als Hilfsarbeiterin in die Fabrik. Ein paar Mal wechselt sie ihre Arbeitsplätze, im letzten Betrieb ist sie sechs Jahre lang: zuerst als Putzfrau, später als Arbeiterin am Fließband. Als der Betrieb seinen Standort von Österreich in den Osten verlegt, ist Frau G. bei der ersten Kündigungswelle dabei. Seit einem halben Jahr sucht sie verzweifelt einen neuen Arbeitsplatz.

---

[5] *Hammerl,* Probier es aus, Baby, STERN-Einsichten (1988) 59 f.

Frau G.: Ich muß sagen, ich war schockiert, wie ich gekündigt worden bin, weil ich hab ja einen Kredit laufen. (...) Aber die Frauen sind immer die ersten, die gekündigt werden.

Jene Argumente, die Frauen zur "Problemgruppe" werden lassen, könn(t)en aber auch zu ihren Gunsten verwendet werden. So wurden in der Zeitschrift "New Business - Das Wirtschaftsmagazin für Unternehmer" unter dem Titel „Arbeitstier Frau" die Vorzüge der Frauen als Mitarbeiterinnen gepriesen - ob der Artikel ironisch oder ernst gemeint war, sei dahingestellt; er enthält eine Aufzählung jener Vorurteile, die Frauen im allgemeinen das berufliche Fortkommen erschweren.

"Frauen sind genügsam. Sie brauchen - auch wenn sie die gleiche Arbeit wie ihre männlichen Kollegen machen - weniger Lohn. (...) Frauen sind belastbar. Statistiken zeigen, daß sie viel eher bereit sind, trotz Krankheit zur Arbeit zu gehen. (...) Frauen haben offensichtlich auch größere Angst vor einem Arbeitsplatzverlust, sind opferbereiter und halten schlicht mehr aus (...).

Frauen sind bescheiden. Sie haben auch nichts gegen sogenannte geringfügige Dienstverhältnisse. Denn neben einer Familie, die versorgt werden muß, bleibt oft nicht genügend Zeit für eine Vollzeitbeschäftigung. Für den Arbeitgeber hat das den angenehmen Effekt, daß er die Sozialabgaben spart, da er die Dienstnehmerin nur unfallversichern muß. (...)

Diese Argumente, die für die oft geschmähten weiblichen Arbeitskräfte sprechen, können noch verstärkt werden, denn Frauen leisten zwar weniger Überstunden als Männer, die dafür in der Regel gratis. (...) Übrigens sind - von den Pausen, die durch Kinder motiviert sind, einmal abgesehen - die Männer viel schneller beim Kündigen. Frauen nehmen aus diversen Gründen - etwa die Nähe zum Wohnort - ungünstigere Arbeitsverhältnisse eher in Kauf. (...)

Auch eine Verschlechterung des Betriebsklima durch einen höheren Frauenanteil ist nicht zu befürchten: Wie aus einer Umfrage von Linzer SP-Frauen hervorgeht, unterhalten sich Frauen in den Pausen wesentlich lieber über ihr Aussehen und die besten Diäten als über ihre Karriere. Aufgrund ihres mangelnden Willens zur Karriere waren 1992 elf Prozent der männlichen, aber nur sechs Prozent der weiblichen Erwerbstätigen in hochqualifizierten oder führenden Tätigkeiten als Angestellte in der Privatwirtschaft tätig, der Frauenanteil an den Entscheidungspositionen in Österreich beträgt lediglich 3,9 Prozent.

Langer Rede, kurzer Sinn: Es macht sich im wahrsten Sinn des Wortes bezahlt, Frauen anzustellen. Sie arbeiten viel, verlangen wenig und mucken nicht auf."[6]

1.2. Determinanten der Berufswahl

"Ich denke, innerlich hab ich das meinen Eltern nie verziehen."

1.2.1. Der Einfluß der Familie

Manche Frauen - und Aussagen aus den Interviews bestätigen dies - hatten durchaus konkrete Vorstellungen von ihrer beruflichen Zukunft, konnten diese aber gegen ihre Familienangehörigen nicht durchsetzen. Dieses vor allem in ländlichen Regionen anzutreffende Denkschema "Du heiratest ja ohnehin" betrifft nicht nur die ältere Frauengeneration, sondern ist auch noch heute weitverbreitet.

Vor allem wenn die jungen Frauen als billige Arbeitskräfte in der Landwirtschaft von Nutzen sein können oder mit ihrem Lohn aus der Fabriksarbeit die Ausbildung eines Bruders mitfinanzieren, erscheint eine

[6] New Business - Das Wirtschaftsmagazin für Unternehmer Nr 7, November/Dezember 1994, Artikel verfaßt von *Ursula Rischanek*.

Investition in die Ausbildung der Tochter als verlorenes Geld.[7] Die Frauen fügten sich der Entscheidung der Eltern zumeist ohne Widerrede, erkennen aber als Erwachsene, daß fehlende formale Qualifikationen die Arbeitssuche in erheblichem Ausmaß erschwert. Während des Interviews wurde das Bedauern über nicht ermöglichte bzw. abgebrochene Berufsausbildung sichtbar.

Frau A. ist 45 Jahre alt. Sie ist das älteste von sechs Kindern, ihr Vater ist Bergmann. Ihre jüngste Schwester erkrankt im Alter von drei Jahren schwer, die notwendigen Operationen können nur in Wien durchgeführt werden. Das Geld für Fahrten, Nächtigungen etc. muß vom Vater immer im voraus bezahlt werden und wird erst später von der Krankenkasse refundiert. Das Geld ist knapp in der Familie. Die Mutter begleitet die kranke jüngste Tochter zu den Spitalsaufenthalten, die älteste muß sich in der Zwischenzeit um Haushalt und Geschwister kümmern. Frau A. hat konkrete berufliche Pläne, aber daraus wird nichts. Um die Familie finanziell zu entlasten, geht sie in die Fabrik.

Frau A.: Ich habe nichts gelernt, leider. Ich hätte Verkäuferin lernen wollen, aber ich habe nicht dürfen. Wir waren sechs Kinder zu Hause, da hat es geheißen, such dir eine Arbeit. (...) Aber ich denke mir, innerlich habe ich das meinen Eltern nie verziehen, daß sie mich nicht haben lernen lassen.

Das familiäre Umfeld der jungen Mädchen bildet den ersten wichtigen Bezugsrahmen zur Ausformung beruflicher Ziele. Hier erleben die Heranwachsenden geschlechtsspezifische Arbeitsteilung, werden konfrontiert mit unterschiedlichen Berufsrollen und erfahren Ermunterung und Zuspruch. Die Heranbildung von Berufswünschen der Mädchen ist somit in hohem Maße abhängig von der sozialen Schichtzugehörigkeit, der Einstellung und dem Bildungsniveau ihrer Primärgruppe.[8]

---

[7] *Biffl,* Die Zukunft der Frauenbeschäftigung (Vortrag anläßlich der Enquete "Zukunftsweibsbilder") (1994) 9.

[8] *Schiersmann,* Berufsausbildung von Frauen. Situation und Förderansätze im Kontext neuer Technologien. Institut für Arbeitsmarkt- und Berufsforschung der Bun-

Durch die im Elternhaus gemachten Erfahrungen ziehen Mädchen sehr oft falsche bzw. generalisierende Schlüsse:

- "Männer sind in der Familie kaum präsent. Als Grund für ihre häufige Abwesenheit wird die Berufstätigkeit angeführt. Die Mädchen schließen daraus häufig, daß 'Männerberufe' schwieriger und anspruchsvoller sind und viel Zeit beanspruchen.
- In der Schule und in der Familie erleben sie, daß gleichaltrige Burschen rowdiehafter, aggressiver sind, und man mit ihnen nicht so gut reden kann. Ihre Väter zeigen in der Regel wenig emotionale Unterstützung in der Familie. Unter anderem daraus ziehen sie den Schluß, daß es nicht angenehm ist, nur mit Männern zusammenarbeiten zu müssen. Dies spricht aus ihrer Sicht auch gegen das Erlernen von nicht-traditionellen Berufen.
- Die Mütter tragen, auch wenn sie berufstätig sind, für die physischen und psychischen Reproduktionsaufgaben die Verantwortung. Diese Unterstützungsleistungen in der Familie bewerten die Mädchen in der Regel als angenehm und vorbildhaft. Vor diesem Hintergrund werden die positiv erlebten Leistungen der Mütter zur Norm für das eigene Verhalten."[9]

1.2.2. Orientierung am Arbeitsmarkt

Für viele Jugendliche - und das gilt für Mädchen ebenso wie für Burschen - beginnt erst mit dem Ende der Pflichtschulzeit die Auseinandersetzung mit den realen Anforderungen des Arbeitsmarktes. Auch wenn in der Schule verschiedene Berufsbilder besprochen wurden, so ist in der

desanstalt für Arbeit (1990); *Hagemann-White,* Sozialisation: Weiblich - Männlich?, Alltag und Biographie von Mädchen I (1984) 48 f.

[9] *Hausegger/Schrems,* Berufswahlprozesse bei Mädchen, in *Bundesministerium für Unterricht und Kunst und Bundesministerium für Frauenangelegenheiten (Hg)*, Enquetebereicht: Berufswahl von Mädchen - Perspektiven, Hindernisse, Konzepte) (1993) 36.

Regel das tatsächliche Angebot an Lehrstellenplätzen wesentlich enger als dies in Broschüren und Listen dargestellt wurde. Im Vordergrund steht dann das Interesse, überhaupt eine Lehrstelle zu bekommen. Insbesondere die Mädchen in ländlichen Regionen sind davon betroffen. Möglichkeiten für nicht-traditionelle Berufe sind dort kaum vorzufinden, und auch das traditionelle Spektrum ist ziemlich eingeschränkt.[10] Unter diesen Voraussetzungen erfolgt sehr oft eine überhastete, unüberlegte Berufswahl, die den Fähigkeiten und Neigungen der Jugendlichen nicht entspricht. Eine unreflektierte Berufswahl kann bei einer Fehlentscheidung zu hoher Arbeitsunzufriedenheit führen. In dieser Situation ist es dann für junge Frauen besonders verführerisch, sich dem Arbeitsleben durch Schwangerschaft zu entziehen.

Frau M. ist 26, verheiratet und hat ein Kind. Den Beruf "Friseurin" hat sie nicht ganz freiwillig ergriffen, es war damals das einzige Angebot, das ihr *"zumindest so halbwegs"* zusagte. Kurz vor Ende der Lehrzeit wird sie schwanger und bricht ihre Ausbildung ab - einen Lehrabschluß hat sie nicht. Heute bedauert sie, daß sie ihre Ausbildung nicht abgeschlossen hat.

Frau M.: Damals war ich froh, daß ich aufhören konnte zu arbeiten. Dauernd hab ich Ausschläge auf den Händen gehabt von den Präparaten und die Arbeitszeiten waren auch unmöglich. Aber heute denk ich mir, es wär gescheiter gewesen, die Abschlußprüfung noch zu machen, weil da könnte ich doch zumindest eine abgeschlossene Ausbildung vorweisen.

Frau H. ist 37. Gleich nach der Schule ging sie in die Schuhfabrik und erlernte den Beruf der "Oberlederstepperin" - ein Beruf, der in Österreich keine begleitende schulische Ausbildungsmaßnahme hat, der nur mit einem völlig nutzlosen Diplom der Firma belegt wird, gemacht nur für den Zweck, junge Mädchen direkt aus der Schule in die Fabrik zu locken. Heute durchschaut Frau H. dieses System.

[10] *Hausegger/Schrems,* Berufswahlprozesse (1993).

Frau H.: Bei der Firma F. zu arbeiten war furchtbar, bei der Gewerkschaft durfte man auch nicht sein, da wurde man sowieso gleich 'rausgeworfen. Die kriegen eh nur ganz junge Mädchen, weil die keine Ahnung haben. Höchstalter 22 Jahre steht in jeder Ausschreibung. Und das sogenannte Diplom bringt mir in Österreich überhaupt nichts, weil das eine deutsche Firma ist. Aber wenn man jung ist, schaut man nur aufs Geld. (...) Ich hätte gerne im Gastgewerbe was gemacht, aber wir waren zu Hause viele Kinder und da kann man nicht jeden etwas lernen lassen.

1.3. Struktur und Sozialstatus von Frauenberufen

"Ihr wißt es eh, ohne euch geht gar nichts."

1.3.1. Die Struktur

"Überall, in Westdeutschland bei aller Differenz der Nuancen nicht anders als in Italien, wird eine vielfältige Arbeitsteilung zwischen den Geschlechtern praktiziert: Frauen, ob erwerbstätig oder nicht, haben die Haupt- und Alleinverantwortung für das Haus; Frauen werden ohne Vorsatz und doch wie nach einem ausgeklügelten Plan in einige wenige Berufe, in besondere Betriebe, in eigene Branchen gelenkt; Frauen siedeln in den Souterrains der Unternehmen; Frauen nehmen die untersten Plätze in den Einkommenshierarchien ein. Nirgends gibt es eine Zentrale, die diese Geschlechtertrennung organisiert, und doch funktioniert sie reibungslos wie unter dem Eingriff einer invisible hand."[11]

Berufsarbeit ist tauschwertorientiert; das heißt der Einsatz der Arbeitskraft erfolgt im Austausch von Geld. Diese Form der Arbeit erfordert

[11] *Beck-Gernsheim,* Der geschlechtsspezifische Arbeitsmarkt. Zur Ideologie und Realität von Frauenberufen[2] (1981) 13.

aber immer auch Konkurrenzverhalten zur Wahrung der Eigeninteressen. Um nun die Eigeninteressen vor Übergriffsversuchen abzusichern, kommt es zu einer Monopolisierung bestimmter Aufgaben, Kenntnisse und Fähigkeiten, die die Ansprüche und Privilegien absichern sollen. Damit wird "Beruf" zum entscheidenden Faktor sozialer Ungleichheit. Denn mit den jeweiligen Kompetenzen sind wiederum bestimmte soziale Chancen und Bedingungen verbunden. Berufsarbeit erfordert immer schon eine gewisse Portion Herz- und Gedankenlosigkeit.[12]

Die Lebensbedürfnisse der Menschen werden aber durch Geld allein nicht hinreichend befriedigt; dazu notwendig ist die reproduktionsbezogene Arbeit - die Hausarbeit. Hier werden die unmittelbaren sozialen Bedürfnisse des Individuums gestillt. Während die Berufsarbeit eingeschränkt ist (z.B. durch die tägliche Arbeitszeit), erfordert die reproduktionsbezogene Arbeit uneingeschränktes Engagement. "Reproduktionsbezogene Arbeit erfordert, Herz und Gedanken für den Nächsten zu haben - erfordert eine persönliche und personenbezogene Sensibilität, eine Fähigkeit des Fühlens und Mitfühlens."[13]

Zu diesem reproduktionsbezogenen Arbeitsverhalten werden Frauen von Kindheit an erzogen; Werthaltungen wie soziale Anerkennung, Interaktion und gesellschaftlich nützliche Arbeit werden zu einer "weiblichen Kultur". Männer hingegen werden schon frühzeitig dazu angehalten, sich "durchzusetzen", d.h. sie werden mit Maßstäben sozialisiert, die an der Konkurrenzsituation im späteren Berufsleben orientiert sind. Die Werthaltungen dieser "weiblichen Kultur" führen zu massiven Nachteilen in allen Bereichen des Arbeitslebens, bei der Einkommensverteilung ebenso wie bei den Karrierechancen.

"Wenn Frauen eher als festangestellte Verkäuferinnen mit niedrigem Gehalt, Männer dagegen auf Provisionsbasis mit relativ hohem Einkom-

[12] *Beck-Gernsheim,* Arbeitsmarkt (1981) 28 f.
[13] *Beck-Gernsheim,* Arbeitsmarkt (1981) 38.

men arbeiten, dann läßt sich dies zwar generell mit der ökonomischen Benachteiligung der Frau erklären; ein spezifischer Akzent aber liegt darin, daß wahrscheinlich die Verkaufstätigkeit auf Provisionsbasis erheblich mehr Durchsetzungsvermögen, Aggressivität und Härte verlangt - Eigenschaften also, die sehr viel mehr im 'männlichen' als im 'weiblichen' Sozialisationsprozeß vermittelt werden."[14]

Die Berufsarbeit der Frau entspricht ihrer weiblichen Disposition: "Frauensache" ist es, gewissenhaft, pünktlich und zuverlässig auszuführen, was angeordnet wurde. Pflege- und Erziehungsberufe sind inhaltlich der reproduktionsbezogenen Arbeit ähnlich. Am Fließband verrichten Frauen jene Arbeiten, die genaue und flinke Fingerfertigkeit verlangen.
Frau F. ist 48 Jahre alt, verheiratet und hat vier erwachsene Kinder. Sie ist Betriebsrätin in einem Produktionsbetrieb, der einen Frauenanteil von 90 Prozent aufweist. Mittlerweile werden in dieser Firma massiv Arbeitsplätze abgebaut. Während des Interviews erinnert sich Frau F. wehmütig an frühere Zeiten.

Frau F.: Ich muß sagen, das ist ein Familienbetrieb. (...) Die haben von der Pike auf angefangen. Das ist es auch, was sie uns ewig vorgehalten haben. Der Chef hat gesagt: "Ich kann auch nur ein Kotelett essen, im Notfall zwei. Ich werde deswegen auch kein Millionär, nur weil ich diese Firma habe." (...) So auf diese Art hat der mit uns geredet. Nein wirklich, und dann hat er uns erzählt wie sie (der Chef und seine Frau, Anm.) angefangen haben - in einer Garage haben sie angefangen. So haben sie angefangen und haben eigentlich einen schönen Betrieb aufgebaut.

Aber bitte schön, ohne uns wäre gar nichts gegangen - da würde er heute noch in seiner Garage sitzen. Das gibt er auch zu, wenn er etwas braucht von uns. So war das früher, heute kommt er eh nicht mehr. Aber

[14] *Beck-Gernsheim*, Arbeitsmarkt (1981) 120.

früher, da hat es geheißen: "Ja wenn ich euch nicht hätte, ihr wißt es eh, ohne euch geht gar nichts." Und eine jede von uns war stolz darauf, daß er das anerkennt und wir haben Überstunden gemacht und uns zugehörig gefühlt zum Betrieb.

Repetitive Arbeit, die Genauigkeit, Monotonieresistenz, Geduld und Schnelligkeit verlangt, erscheint prädestiniert für den Einsatz von Frauen.[15] "Ohne euch geht gar nichts", erkennt der Chef von Frau F. ganz richtig. Aber diese Anerkennung nützt den Beschäftigten bei Konjunktureinbrüchen und Auftragsrückgängen nichts. Da Männer die "Familienerhalter" sind, werden zuerst die Frauenarbeitsplätze abgebaut - gekündigt werden zuerst jene Mitarbeiterinnen, die ganz maßgeblich zum Aufbau des Betriebes beigetragen haben.

Frau F.: Auf einmal hat es dann geheißen, jetzt sind wir viel zu viel. (...) Und dann ist gesagt worden, von diesen Frauen müssen wir uns trennen, weil es geht einfach nicht mehr.

Der Mann in gehobener Position an vorderster Front - die Frau im Hintergrund die unerläßliche Arbeit erledigend. Diese Kombination entspricht dem gesellschaftlich-patriarchalisch tradierten Rollenbild ebenso wie die "paarweise" Zuordnung der Berufe - Arzt mit Sprechstundenhilfe, Manager mit Sekretärin, usw.

Die mitmenschliche "positive" Einstellung der Frau wird im Berufsprozeß geschickt verwertet: In Aufgabenbereichen, wo es um Hinwendung, Hilfe und Beistand für entsprechend bedürftige Menschen geht, tragen Frauen zu einer befriedigenden Aufgabenbearbeitung bei (z.B. Pflegeberufe);in kommerziellen Bereichen dient die Attraktivität und Freundlich-

---

[15] *Bundesministerium für Arbeit und Soziales (Hg)*, Frauenbeschäftigung und Betriebsübernahme, Forschungsberichte aus Sozial- und Arbeitsmarktpolitik 43 (1991) 49 f.

keit der Frauen zur betrieblichen Gewinnmaximierung (z.B. Hosteß); Genauigkeit und Geduld werden verwertet bei repetitiven Arbeiten (z.B. am Fließband).

Gerade jene Attribute des "weiblichen Arbeitsvermögens" verhindern andererseits die berufliche Emanzipation der Frauen: "Die verinnerlichten Zwänge der Sozialisation schaffen zum einen die Voraussetzung dafür, daß Frauen - ohne daß es zu Widerstand kommt - als ‘Anreiz’ für Zwecke und Ziele eingesetzt werden können, die auf Schein und Irreführung basieren (...) Die verinnerlichten Zwänge der Sozialisation schaffen zum anderen die Voraussetzung dafür, daß im beruflichen Bereich eine geschlechtsspezifische Arbeitsteilung zwischen anordnenden und ausführenden Funktionen stattfinden kann, die - wiederum ohne daß es zu Widerstand kommt - die Frauen stets auf die bloß ausführenden, gehorchenden, unselbständigen Aufgaben festschreibt."[16]

1.3.2. Der Sozialstatus

Erwerbstätige Frauen sind sehr oft in Berufen zu finden, die ihrer Sozialisation entsprechen, die also "typisch weibliche Eigenschaften" wie Freundlichkeit, die Hinwendung zum Menschen, Geduld, Fürsorge, Genauigkeit etc. erfordern.

"Diese Weiblichkeitsimplikationen führten im beruflichen Bereich zu einer Konzentration von Frauen in genau den Tätigkeiten, die sich durch eine Nähe zum Ideal des Dienens und der Bereitstellung von Diensten für andere charakterisieren lassen. Aber das so viel beschworene und gerühmte Ideal des Dienens trifft in berufsförmiger Verpackung auf eine faktische gesellschaftliche Abwertung, die in krassem Gegensatz zu allen öffentlichen Beteuerungen steht: Das Resultat dieser gesellschaftlich

[16] *Beck-Gernsheim*, Arbeitsmarkt (1981) 139.

widersprüchlichen Haltung sind Berufe mit geringem Sozial-Prestige und entsprechend schlechter Bezahlung bei aufreibenden Arbeitsbedingungen. Kulturelle Selbstverständlichkeiten sorgen dafür, daß Frauen für außerhäusliche Dienstleistungen prädestiniert erscheinen. Berufe, die diese Bestimmung geradezu klassisch aufzeigen, sind die der Krankenpflege und des Gastgewerbes."[17]

Frauen verrichten bei gleicher Qualifikation andere, zumeist schlechter bezahlte Tätigkeiten als Männer. Ein gutes Beispiel dafür ist die Gastgewerbebranche.

Die dort als Kellner tätigen Männer tragen so klingende Titel wie "Sommelier", "Gardemanger", "Chef de Partie", "Chef de rang" und so weiter. Natürlich verbergen sich hinter diesen Bezeichnungen ganz spezielle Qualifikationsprofile, die sowohl von Absolventen als auch von Absolventinnen einschlägiger Schulen gleichermaßen erfüllt werden. Trotzdem ist gerade in diesem Gewerbe die Diskrepanz zwischen Frauen- und Männertätigkeiten deutlich sichtbar: hier der würdevolle Oberkellner, dort die weibliche "Bedienung". Allein das Fehlen eines entsprechenden Pendants zu "Ober" in der deutschen Sprache - ersetzt zumeist durch die Anrede "Fräulein" - bewirkt eine zusätzliche Diskriminierung der in dieser Branche tätigen Frauen.

Ein "Haubenlokal" hat zumeist einen "Maître" in der Küche, der dort kleine (und große) Kunstwerke vollbringt, die Frau bleibt die "Köchin", meist in kleineren Lokalen und ist oft nicht nur für die Zubereitung von Speisen sondern auch noch für eine ganze Reihe anderer Tätigkeiten zuständig.

Kochen ist traditionell Frauensache: "Frauen und Kochen" gehen eine Verbindung ein, die in beinahe jeder Kultur als selbstverständlich gilt.

---

[17] *Durst,* Bedienen zwischen dienen und verdienen. Eine berufssoziologische empirische Untersuchung zur Dienstleistung im Gastgewerbe (1993) 292.

Kochen gilt als Ausdruck häuslicher Tätigkeit und damit als besonderer Beitrag der Frau. In dem Maße, wie Kochen sich aus der häuslichen Sphäre befreite und in außerhäuslicher Regie als Leistung nachgefragt und angeboten wurde, änderten sich die Spielregeln: Kochen wurde zu einer Beschäftigung von Männern, die als Endpunkt dieser Entwicklung auch das Bild des professionellen Koches geprägt haben.[18]

1.3.3. Ursachen für das niedrige Prestige der Frauenberufe

Wie kommt es aber, daß ausgerechnet jenes "weibliche" Arbeitsvermögen, das der Orientierung und Disposition der Frauen entspricht, am unteren Ende der Berufshierarchie rangiert? Die Ausstattung von bestimmten Berufen mit Statusmerkmalen ist nicht vorgegeben, sondern wird von den Berufsinhabern selbst immer wieder erobert und durchgesetzt - mittels Zugangsregulierungen, Verhaltenskodizes, öffentlicher Selbstdarstellung etc. Frauen sind aufgrund ihrer "weiblichen" Sozialisation weniger dazu geeignet, nachdrücklich Strategien zur Interessensdurchsetzung zu betreiben.

"Wer nicht gelernt hat, mit Ellbogen sich nach vorne zu drängen, selbstbewußt seine Ansprüche anzumelden, die eigene Leistung und Unersetzbarkeit publikumswirksam zu 'verkaufen', die Unterbewertung und Unterbezahlung des eigenen Standes unablässig zu beteuern, gegen die je gegebene tarifliche Einstufung Protest einzulegen und die nächst höhere unermüdlich anzusteuern (wer etwa vor allem darum bemüht ist, eine Aufgabe angemessen zu bearbeiten), der bleibt hoffnungslos abgeschlagen, bleibt der ewig 'Dumme' des Berufssystems."[19]

Frauen fehlt sehr oft das Vertrauen in die eigene Leistung; sie haben nicht gelernt, sich selbst und ihre Fähigkeiten ins rechte Licht zu rücken

[18] *Durst,* Dienstleistung (1993) 81.
[19] *Beck-Gernsheim,* Arbeitsmarkt (1981) 141.

- wo sollten sie das auch lernen? Von Kindheit an dazu konditioniert, freundlich, nett und vor allem bescheiden zu sein, verlieren sie die Sicherheit, auf die eigenen Fähigkeiten vertrauen zu können. Anerkennung erhalten viele Mädchen für "hübsches Aussehen" nicht für das "Angeben" - ein Muster, das sich - wenn auch in wesentlich subtilerer Form - im Berufsleben fortsetzt.

"Nicht ganz unbeteiligt an ihrer Situation sind aber auch die Frauen selbst. Sie trauen sich noch immer weniger zu, als sie können. 'Ein Mann würde nie 'nie' sagen, oder daß er vorher einen Kurs machen muß', sagt eine der Frauen in der Untersuchung zum Thema Angst vor Verantwortung. 'Ein Mann würde zuerst die Stelle nehmen und sich dann überlegen, was er dafür braucht.' Frauen hätten viel mehr Skrupel. (...) Und auf die Frage, auf welche Gründe sie ihre Aufnahme im Betrieb zurückführten, antworteten 50% der befragten Männer mit 'meine bessere Qualifikation'. Dagegen antworteten 50% der Frauen 'Glück gehabt.'"[20]

Frauen zeigen auch im Berufsleben jene obligate Bescheidenheit, die ihnen schon in frühester Jugend eingeimpft wurde und "bei der man nicht weiß, welche Ängste dahinterstecken. Vor dem Groll einer Gesellschaft, die Frauen nicht zu hoch hinauflassen will? (...) Wenn sie stolz und erfolgreich und selbstbewußt sind, scheinen diese Frauen zu glauben, dann wird sofort irgendeine zornige Instanz kommen und sie bestrafen, ihnen alles wieder wegnehmen"[21]. Ganz anders hingegen das Vertrauen in die eigene Leistung bei den Männern: "Zufall, wohlwollende Förderung: Selbst wenn ein erfolgreicher Mann in seinem tiefsten Inneren glauben würde, daß dies die wahren Geheimnisse seines Erfolges seien, er würde es nie zugeben. In seiner Selbstdarstellung nach außen hin würde er die eigenen Fähigkeiten und Verdienste in den Vordergrund stellen."[22]

[20] Salzburger Nachrichten, 5.10.1994, Artikel verfaßt von *Veronika Canaval*
[21] *Benard/Schlaffer,* Rückwärts und auf Stöckelschuhen ... können Frauen soviel wie Männer (1989) 50.
[22] *Benard/Schlaffer,* Rückwärts (1989) 50.

Nicht nur Zweifel an der eigenen Leistungsfähigkeit und ein Mangel an konkurrenzorientiertem Verhalten behindert Frauen in ihrer beruflichen Entwicklung, sondern auch *fehlende Zeit.*

Reproduktionsbezogene Arbeit erfolgt nicht nach einem festgelegten Zeitplan, gefordert wird von der Hausfrau - vor allem aber von der Mutter - rund um die Uhr für ihre Familienmitglieder verfügbar zu sein. Viele Informationen, die für berufliches Fortkommen von entscheidender Wichtigkeit sind, laufen jedoch über informelle Schienen - über Treffen am Abend in geselliger Runde, am Tennisplatz, in der Sauna.

Frauen sind davon ausgeschlossen, zum einen weil es ihnen ihre "normale" Arbeitsbelastung nicht erlaubt daran teilzunehmen, zum anderen auch, weil es Frauen durch bestimmte gesellschaftliche Werthaltungen nicht so einfach möglich ist, sich "Männerrunden" anzuschließen. Wobei die Frage offen bleibt, ob diese informellen Informationen in Anwesenheit einer der „Karriere-machen-wollen“ verdächtigen Frau im selben Ausmaß fließen würden.

Die Salzburger Wissenschafterinnen Birgit Buchinger und Erika Pircher führten Umfragen unter Frauen in drei Salzburger Betrieben durch. Zu der oben angeführten Thematik äußerte sich eine Abteilungsleiterin eines Geldinstitutes folgendermaßen:

"Ich glaube, ganz wichtig dabei ist, daß sie dann unter sich sind. Sie wollen keine Frauen dabei haben. Mir hat das ein Kollege allgemein so erklärt: 'Ja weißt, wenn wir nur unter Männer sind, da kann dann jeder so viel Blödsinn reden, wie er will. Da sind wir nicht den kritischen Augen der Frauen ausgesetzt. Ihr Frauen seid's ja immer so kritisch.'"[23]

[23] *Buchinger/Pircher,* Versteckte Diskriminierungen. Frauenspezifische Diskriminierungsprozesse in der betrieblichen Praxis am Beispiel von drei Betrieben im Bundesland Salzburg, in *Bundesministerium für Frauenangelegenheiten (Hg),* Schriftenreihe zur Frauenforschung 3 (1994) 150.

Frauen sind aufgrund ihrer Sozialisation benachteiligt: sie finden sich in einer männerdominierten Arbeitswelt schwer zurecht. Die Strukturen und Funktionen von informellen Seilschaften und Informationsdrehscheiben sind ihnen fremd. "Wenn Frauen die Männerwelt des Managements betreten, setzen sie ihren Fuß auf Terra incognita. Um zu reüssieren, müssen sie nicht nur Neuland erkunden, sondern sich auch an die Normen und Werte einer fremden Soziokultur anpassen."[24]

Auch durch die Tatsache, daß gerade in "sozialen" Berufen eine Klientel betreut wird - Alte, Behinderte, Kranke, gesellschaftliche Randgruppen -, die nach ökonomischen Gesichtspunkten wenig zählt und deren Versorgung daher stets anderen Prioritäten untergeordnet wird, werden jene Berufe, die eben gerade diese Versorgung zum Inhalt haben, ebenso minder bewertet wie die betreute Gruppe selbst.[25] Die Teilung der Berufe in "typisch weiblich", also auf Menschen bezogen, und "männlich", d.h. orientiert an Konkurrenz, Macht und Geld, drückt aber auch eine Teilung der Herrschaftsverhältnisse aus; diese Teilung wiederum ist die Basis für gesellschaftliche Hierarchien und damit für die Benachteiligung von Frauen.

1.4. Das Alternativrollenkonzept

"Daheim bleiben sollen eher die, wo der Mann schon gut verdient."

Die mangelnde Attraktivität der Arbeitsplätze schützt Frauen nicht vor dem erhöhten Risiko des Arbeitsplatzverlustes; mit dem Hinweis auf die Möglichkeit der "Alternativrolle" gehören Frauen zu den ersten, die von Kündigungen betroffen sind.

---

[24] *Keuler*, Undankbare Arbeit. Die bitterböse Geschichte der Frauenberufe (1993) 95.

[25] *Beck-Gernsheim*, Arbeitsmarkt (1981).

Sehr oft wird impliziert, Frauen könnten eben wählen zwischen Erwerbsarbeit plus Bürde der Hausarbeit und der Hausfrauen- und Mutterrolle. "Ein Großteil der erwerbstätigen Frauen - die unverheirateten, geschiedenen oder verwitweten Frauen, die oft als alleinstehende Frauen für Kinder zu sorgen haben - fällt bei dieser Erklärung zwar durch den Rost, dafür wird immerhin die Situation der verheirateten Frau berücksichtigt."[26]

Hartnäckig hält sich in den Köpfen vieler Menschen die Vorstellung, Frauen seien ohnehin durch die im Haushalt anfallenden Tätigkeiten voll ausgelastet und würden hier die idealen Rahmenbedingungen zur Selbstverwirklichung finden. Deshalb sei auch der Verlust des Arbeitsplatzes für Frauen weit weniger traumatisch - die "Alternativrolle" würde über diesen Verlust hinweghelfen.[27] Ebenso wird bei der Argumentation mit der Alternativrolle übersehen, daß sehr viele Frauen nicht die Möglichkeit haben zu "wählen". Für viele Frauen ist das Erwerbseinkommen unabdingbare Notwendigkeit, um das finanzielle Auskommen der Familie zu sichern - und das gilt nicht nur für Alleinerzieherinnen.

Dabei haben jene, die diese Alternative propagieren "den Blick fest auf die glitzernden Preise gerichtet, die unsere Gesellschaften zu vergeben haben - als handle es sich für die weibliche Bevölkerung um eine Alternative, in der die Tätigkeit als Hausfrau jener der Universitätsprofessorin, der Rechtsanwältin oder der Industriekapitänin gegenübergestellt ist. Dies ist jedoch nicht das Nutzenniveau, auf dem die Mehrheit der Frauen 'wählt' oder überhaupt wählen kann"[28].

Elisabeth Beck-Gernsheim beschreibt in ihrem Buch "Der geschlechtsspezifische Arbeitsmarkt" (1981) die Alltagssituation der Fließbandar-

---

[26] *Appelt/Lösch/Prost (Hg)*, Stille Reserve?, Erwerbslose Frauen in Österreich (Österreichische Texte zur Gesellschaftskritik XXXI) (1987) 6 f.

[27] *Jahoda/Lazarsfeld/Zeisel*, Die Arbeitslosen von Marienthal² (1960) 77 f.

[28] *Zilian/Fleck*, Die verborgenen Kosten der Arbeitslosigkeit (1990) 150 f.

beiterin als *"sinnentleert und reglementiert"* (Seite 135) und nennt diese Tätigkeit als möglichen Grund dafür, daß sich Frauen nicht ungern an den heimischen Herd zurückziehen, da dies der *"Ort ist, wo man sein eigener Herr ist, nach eigenen Vorstellungen und für sichtbare Zwecke und Bedürfnisse arbeiten kann. (...) Angesichts der Anonymität und Unmenschlichkeit in der Fabrik gewinnen die verkrüppelten Kommunikationschancen in der Kleinfamilie den Charakter eines Rettungsankers"* (ebd.).

Beck-Gernsheim teilt die Frauen in zwei Gruppen: jene, die aufgrund ihrer Sozialisation und guten Ausbildung eine höhere Erwerbsneigung haben, und die schlecht qualifizierten, die sich (scheinbar) gerne auf ihre "Alternativrolle" besinnen. Doch das ist nur die halbe Wahrheit: Frauen sehen auch an der Fließbandtätigkeit eine Reihe von positiven Aspekten, auch wenn das für Außenstehende nur schwer nachvollziehbar ist.[29]

Tatsache bleibt, daß das "Alternativrollenkonzept" eine Basis zur Verdrängung der Frauen aus dem Arbeitsprozeß liefert. Und es läßt sich auch vielseitig verwenden: Zum Beispiel um berufstätigen Müttern Schuldgefühle einzuimpfen (Stichwort "Rabenmutter"), um Frauen bei Kündigungen zuerst abzubauen, um in Krisenzeiten darauf hinweisen zu können, daß Frauen den Männern Arbeitsplätze "wegnehmen".
Nicht zuletzt spaltet dieses Argument die Frauen selbst - so sehen sich politisch engagierte Sprecherinnen der Frauen dem Dilemma gegenüber, die Hausfrauenarbeit im gesellschaftspolitischen Diskurs gleichzeitig aufwerten und abwerten zu müssen, "- ersteres, um z.B. Forderungen nach dem Hausfrauengehalt zu legitimieren, letzteres, um den Ausschluß der Frauen von angeblich lohnenderen Arbeitsrollen zu beklagen."[30]

---

[29] *Becker-Schmidt/Knapp /Schmidt,* Eines ist zuwenig - beides ist zuviel. Erfahrungen von Arbeiterfrauen zwischen Familie und Fabrik, in *Fricke (Hg)*, Forschungsinstitut der Friedrich-Ebert-Stiftung, Reihe Arbeit Sonderband II (1984); *Jansche-Isenberg/Rieden,* Frauen erforschen Frauenarbeitslosigkeit in Kärnten (Forschungsbericht des Bundesministeriums für Arbeit und Soziales 38) (1991).
[30] *Zilian/Fleck,* Kosten (1990) 150.

Daß manche Frauen einen Mann als Familienerhalter vorweisen können und trotzdem auf eigene Berufstätigkeit nicht verzichten wollen, läßt die Frauen mit den gängigen tradierten Wertvorstellungen gegen ihre Geschlechtsgenossinnen argumentieren.

Frau I. ist 29 Jahre alt, ledig und hat keine Sorgepflichten. Sie hat die Handelsschule absolviert, danach jedoch keinen passenden Arbeitsplatz bekommen. Sie arbeitet zwei Jahre in einer Konditorei als Servierkraft und geht später als Arbeiterin in die Fabrik. Zum Zeitpunkt der Betriebsschließung arbeitete Frau I. bereits acht Jahre am Fließband. Ihre schulische Qualifikation ist heute wertlos, da sie mit den modernen Erfordernissen der Büroorganisation nicht vertraut ist. Zur Zeit besucht Frau I. einen Computerkurs.

Frau I.: Ich muß arbeiten gehen, ich bin ja ledig. Daheim bleiben sollen eher die, wo der Mann schon gut verdient.

2. Arbeitsalltag

2.1. Die Arbeitsbedingungen von Frauen im Beruf

"Ich hab nur mehr die zwei Jahre und die halt ich schon noch aus!"

Bestimmte Jobs sind Frauenarbeit; es gibt kaum "Supermarktkassierer" und schon gar kein männliches Pendant zur "Putzfrau". Frauen übernehmen vielfach jene Arbeiten, die durch schlechte Entlohnung ebenso gekennzeichnet sind wie durch geringes Sozialprestige, Monotonie und mangelnde Aufstiegschancen.

In einigen Branchen sind Frauen auch permanenten physischen Belastungen ausgesetzt. So klagen vor allem Kassiererinnen in Supermärkten über die ständige Zugluft, da sich ihre Arbeitsplätze zumeist in der Nähe des Eingangs befinden. Lärm und Staub beeinträchtigen die Tätigkeit von Textilarbeiterinnen, Krankenschwestern beklagen die schwere körperliche Anstrengung beim Heben von Patienten und Verkäuferinnen, Friseurinnen und Kellnerinnen sind unablässig auf den Beinen.[31] Aber aus Angst um den Arbeitsplatz wehren sich Frauen kaum.

Physische wie psychische Bedingungen, die die Gesundheit der Frauen beeinflussen, beschreibt unter anderem eine neue Studie des Linzer Frauenbüros: "Lebensbedingungen von Frauen und ihre Bedeutung für deren Gesundheit". Hier wird deutlich, daß nicht nur die objektiv meßbaren physischen Bedingungen eines Arbeitsplatzes wie Hitze, Staub, Lärm, Zugluft etc. belastend wirken. Auch der große Zeitdruck, unter dem Arbeiten erledigt werden müssen, die Angst um den Arbeitsplatz, das ständige "Freundlich-sein-müssen", Konflikte mit KollegInnen oder Vorgesetzten erleben die Frauen als zusätzliche Erschwernisse und

[31] *Kammer für Arbeiter und Angestellte Oberösterreich (Hg)*, Arbeitsbedingungen von Frauen in ausgewählten Berufen, WISO 21 (1989).

Streßfaktoren.[32] Vor allem die Arbeitsbedingungen ungelernter Hilfsarbeiterinnen sind in manchen Branchen sowohl psychisch als auch körperlich als extrem gesundheitsschädigend einzustufen.

Bei einer Fabriksarbeiterinnentagung in Linz zum Thema "Krank sein is net drinn" berichteten Frauen in Arbeitskreisen sehr anschaulich von teilweise äußerst drastischen Arbeitsbedingungen:

M.: Da ruft mich der Personalchef persönlich an und schlägt mir eine neue Arbeit vor, weil ich hab' schon im Oktober gesagt, ich möchte weg, ich kann nämlich nicht mehr. Ruft mich der Chef beim zweiten Krankenstand an und sagt: "Ich hätte jetzt eine Arbeit für Sie, aber weil Sie immer krank sind, mag Sie kein Meister. Jetzt können Sie nicht anfangen." Wortwörtlich! (...) Und das hab' ich als so erniedrigend empfunden - das war so deprimierend, daß ich mir gedacht habe, so, jetzt hast dich krankenhausreif gearbeitet in dieser Firma. Jetzt ist es aus. Es gibt keine Hilfe mehr, es gibt kein Platzerl mehr für dich, wo du weitertun könntest. Aber ich möchte arbeiten![33]

F.: Bei uns ist es auch ungesund. Es hat den ganzen Tag eine irrsinnige Hitze. Der Ofen wird so heiß, daß er fast zu brennen anfängt. Das habe ich selbst schon erlebt, daß beim Ofen die Flammen herausgeschossen sind. Sie sind dann mit dem Wasser gekommen und haben den Brand gelöscht. In den vier Monaten, in denen ich drinnen war, hat es dreimal gebrannt. Im Rücklauf, wo ich gearbeitet hab', hab' ich die brennheißen Bleche in die Stellagen geräumt, da hab ich mich oft verbrannt.

Außerdem war's irrsinnig laut. Wir haben keinen Gehörschutz gehabt. Wenn der Chef etwas haben wollte, hat er's schreien müssen. Da hat er

---

[32] *Beham/Kränzl-Nagl/Ortmair,* Lebensbedingungen von Frauen und ihre Bedeutung für deren Gesundheit (Linzer Frauenbüro) (1995).

[33] *Starzer,* Krank sein is net drinnen, in *Bundesministerium für Arbeit und Soziales (Hg)*, Fabriksarbeiterinnentagung in Linz 1986 (1989) 16.

mich eh einmal "zammg' schrien". Ich hab's eh nicht verstanden. Und dann die schweren Wägen immer weiterschieben. Das Schwierigste aber waren die Hitze und der Staub. Der ganze Zuckerstaub ist in die Luft gegangen, sodaß wir in einer Staubwolke standen - teilweise Mehl und teilweise Staubzucker. Das hat sich am Körper festgesetzt und vor allem in den Atemwegen. Und wehe, man hat zu trinken angefangen, da hat man nicht mehr aufhören können - da hast du dann zehn Liter am Tag gebraucht. Die haben auch alle schlechte Zähne gehabt vom Zucker in der Luft.[34]

F.: Ich habe eine Arbeit, bei der ich dauernd 40 Kilo heben muß. Ich kenne keinen Mann, der so eine Arbeit hat; bei ihm wird halt eine Hebemaschine hingestellt. Warum geht es denn bei uns nicht? Ja, weil die Frauen als minderwertige Arbeitskräfte eingestuft sind - und so werden sie auch behandelt.[35]

U.: Wenn bei uns eine schwere Arbeit gemacht werden muß, sag' ich: "Stellt's halt einen Mann hin." Aber ein Mann stellt sich da nicht hin, der sagt: "Meinst, ich bin teppert und stell' mich dahin?"[36]

Wie an diesen Beispielen zu sehen ist, werden Frauen Arbeitsbedingungen und Tätigkeiten zugemutet, die an Männer selten herangetragen werden. Gerade die Tätigkeit des *Hebens*, die die Muskelkraft der Männer erfordern würde, wird oft den Frauen zugemutet.[37]

Frau S. ist 52 Jahre alt, verheiratet und hat zwei erwachsene Kinder. Sie arbeitet 19 Jahre in einem Produktionsbetrieb in der Nähe ihres Wohnortes; die Stillegung des Betriebes und der Verlust des Arbeitsplatzes

[34] *Starzer*, Krank (1989) 24.
[35] *Starzer*, Krank (1989) 50.
[36] *Starzer*, Krank (1989) 50.
[37] Vgl *Buchinger/Pircher*, Diskriminierungen (1994), die bei der Untersuchung der Arbeitsbedingungen von Frauen in einem Lebensmittelproduktionsbetrieb ähnliche Aussagen zum Thema Heben festhielten.

sind für sie ein Schock. Frau S. fehlen noch zwei Jahre Erwerbstätigkeit, um eine Pension beanspruchen zu können. Sie hat kein eigenes Auto, die öffentlichen Verbindungen zur Bezirksstadt sind unzureichend. Frau S. findet einen Arbeitsplatz in dem einzigen Betrieb, den es in ihrem Wohnort gibt.

Frau S.: Ich bin froh, daß ich in meinem Alter überhaupt noch was gefunden habe. Dort muß ich jetzt Sessel schleifen, und das, obwohl ich Asthma habe. Das Klima am Arbeitsplatz ist nicht sehr gut, der Druck ist auch groß. Das ist eine große gesundheitliche Belastung, aber ich hab nur mehr die zwei Jahre und die halt ich schon noch aus.

2.2. Der Stellenwert der Arbeit

"Ich möchte einfach unabhängig sein."

Daß Frauen aus einem Arbeitsalltag, der sich wie o.a. gestaltet, ausbrechen und "an den Herd" zurückziehen wollen, scheint nur allzu verständlich. Aber sehr oft ist es ihnen aus rein finanziellen Gründen nicht möglich, den Arbeitsplatz aufzugeben. Und zumeist ist es auch nicht der Bezahlungsaspekt allein, der die Frauen auf scheinbar unerträglichen Arbeitsplätzen ausharren läßt. "Beruflichkeit stellt ein zentrales Moment der Identität vieler (...) Frauen dar und ist für sie umso wichtiger, da die Arbeit ihnen wenig aktive Gestaltungsmöglichkeiten bietet."[38]

Es wäre unzutreffend, würde man die Arbeitssituation der Frauen, die "nur" an den Kassen in Supermärkten und "nur" am Fließband in den Fabriken arbeiten, als ausschließlich monoton und langweilig bezeichnen. Wenn schon der Inhalt der Arbeit kaum Anlaß zu Arbeitszufrieden

[38] *Volst/Wagner,* Ein Stück moderneres Leben - Berufsbiographien aus einer vergessenen Welt, in *Bundesministerium für Arbeit und Soziales (Hg)*, Beruf: Ungelernt, Arbeitsbiographien von Frauen (Schriftenreihe Gleichbehandlung ist das Ziel 19) (1991) 61.

heit geben kann, so sind andere - vor allem soziale Gesichtspunkte - für die Frauen von ganz wesentlicher Bedeutung. Anführen könnte man dazu die freundschaftliche Verbundenheit mit Kolleginnen, mit denen durchaus auch private Probleme besprochen werden. Die Solidarität von Frauen, die einen ähnlichen sozialen Hintergrund haben, und sich dadurch in ihrer Gruppe geborgen und verstanden fühlen. Die Gruppenleistungen, die mit Stolz erfüllen, wenn sie über den geforderten Leistungen liegen und Prämien bringen. Und eigenes Einkommen, das - wenn es auch weniger als das des Mannes ist - ein gewisses Maß an Unabhängigkeit bedeutet.[39]

In den Interviews mit von Arbeitslosigkeit betroffenen Frauen wurde deutlich, daß sowohl die fehlenden Sozialkontakte als auch die finanzielle Deprivation zu Mutlosigkeit, sinkendem Selbstbewußtsein und Depressionen führen können (ausführlicher dazu das Kapitel: "Auswirkungen der Arbeitslosigkeit"). Jene Frauen, deren Partner über ein Einkommen verfügt und die deswegen in finanzieller Hinsicht vor Notlagen bewahrt sind, bilden keine Ausnahme - sie leiden vor allem unter der Situation, zu "Bittstellerinnen" zu werden. Bis auf eine Ausnahme betonten alle Befragten, daß die Erwerbstätigkeit ein ganz wesentliches Element in ihrem Leben darstellt; den höchsten Stellenwert hat die "Unabhängigkeit".

Frau S. ist 27 Jahre alt und lebt in Lebensgemeinschaft; sie hat keine Sorgepflichten. Nach der Schule wollte sie Floristin werden, *"aber dann habe ich bei einer Bekannten gesehen, wie familienfeindlich der Beruf eigentlich ist"*. In ihrem Wohnort sind die Lehrstellenplätze rar, deshalb geht sie gleich nach Ende der Pflichtschulzeit in eine Schuhfabrik, in der sie drei Jahre arbeitet.

[39] *Becker-Schmidt/Knapp/Schmidt*, Arbeiterfrauen (1984); *Volst/Wagner*, Stück (1991).

Frau S.: Irgendwie ist daraus (aus dem Lehrstellenplatz, Anm.) nichts geworden. Man konnte sich zu dieser Zeit die Lehrstellen nicht einfach aussuchen.

Nach drei Jahren in der Schuhfabrik wechselt sie ihren Arbeitsplatz. Sie arbeitet nun in einem Produktionsbetrieb am Fließband im Akkord - die Bezahlung ist *"für eine Frau wirklich sehr gut"*. Nach acht Jahren schließt der Betrieb seinen Produktionsstandort in Österreich. Frau S. nimmt nach einem Hinweis einer Freundin mit der Frauenstiftung Kontakt auf, absolviert dort einen Berufsorientierungskurs und überlegt, ob sie nicht eine neue Ausbildung beginnen soll. Die Aussicht auf ein paar Jahre Umschulung, die ein geringeres Einkommen bedeuten würden, lassen Frau S. jedoch wieder nach einem Arbeitsplatz in der Produktion suchen.

Frau S.: Ich muß bei der Arbeitssuche natürlich auch auf den Verdienst schauen. Mit fünfzig Schilling in der Stunde kann ich nicht leben.

Einen neuen Arbeitsplatz zu finden ist nicht einfach; Frau S. bewirbt sich "blind" (d.h. ohne daß die Firmen eine offene Stelle ausgeschrieben hätten) bei verschiedenen Betrieben und macht dabei die Erfahrung, daß *"viele Firmen ausschließlich Männer beschäftigen wollen. Die meisten sagen, wegen der Schichtarbeit - aber ich habe jetzt acht Jahre Schichtarbeit gemacht. Für mich ist das kein Argument".*

Zum Zeitpunkt des Interviews hat Frau S. eine neue Arbeitsstelle in Aussicht. Sie wirkt sehr erleichtert, als sie davon erzählt; nach dem Wegfall des jahrelang bezogenen, eigenen Einkommens empfand sie die finanzielle Abhängigkeit von ihrem Lebensgefährten als peinlich und äußerst belastend.

Frau S.: Ich möchte einfach unabhängig sein. Ich glaube, daß das in der heutigen Zeit sehr wichtig für eine Frau ist.

2.3. Das Einkommen

"Würde ich nicht arbeiten gehen, müßten wir verhungern."

Frau B. ist 42 Jahre alt, verheiratet und hat drei Kinder. Sie hat eine Ausbildung als Bürokauffrau, ist aber zur Lehrabschlußprüfung nicht mehr angetreten. Sie war acht Jahre lang in Karenz, während dieser Zeit hat sie Heimarbeit übernommen, um die finanzielle Situation etwas zu verbessern. Später arbeitete sie als Hilfskraft in verschiedenen Firmen - sie wurde aber nie ihrer Qualifikation entsprechend eingesetzt. Seit einem Jahr ist sie auf der Suche nach einem Arbeitsplatz.

Frau B.: Mein Mann verdient auch keine Reichtümer als Baggerfahrer, und es ist die Zeit einfach so, daß man ein zweites Einkommen braucht, damit man einigermaßen über die Runden kommt.

Frau W. ist 23 Jahre alt, verheiratet und hat zwei Kinder. Sie ist gelernte Verkäuferin, derzeit in Karenz und mit Hilfe der "Frauenstiftung" auf der Suche nach einem neuen Betätigungsfeld, das ihr mehr Spaß macht, als es der erlernte Beruf tat.

Frau W.: Wir haben einen Kredit von ca. 45.000,- Schilling laufen, deshalb kann ich es mir auch nicht leisten, zu Hause zu bleiben.

Frau D. ist 54 Jahre alt und hat drei Kinder alleine großgezogen. Sie hat ihr Leben lang gearbeitet, um das Notwendigste finanzieren zu können.

Frau D.: Ich gehe jetzt von den jungen Leuten aus. Da müssen ja beide arbeiten gehen, sonst kommen sie nicht aus. Da kann keine mehr zu Hause am Herd bleiben und warten, bis der Mann nach Hause kommt. Die könnten sich nichts leisten, weil alles so teuer ist.

Für Frauen aus unteren sozialen Schichten ist das Einkommen aus eigener Erwerbstätigkeit mehr als nur ein "Dazuverdienen". Vielfach wird durch das zweite Einkommen erst der Lebensstandard der Familie gesichert. Für Alleinerzieherinnen ist das Einkommen vielfach eine Überlebensnotwendigkeit.[40]

Frau T. ist 37, geschieden und hat zwei Kinder. Sie möchte nach Ende der Pflichtschule den Beruf der Reisebüroassistentin erlernen, findet aber keine entsprechende Lehrstelle. Deshalb nimmt sie einen Lehrplatz als Verkäuferin an, den sie aber nach einem Jahr kündigt, *"weil ich gesehen habe, daß das nichts für mich ist".*

Mit 16 Jahren geht sie als Arbeiterin in eine Fabrik, später wechselt sie ihren Arbeitsplatz und arbeitet in einem anderen Produktionsbetrieb am Fließband. Sie ist tüchtig und wird bald als Vorarbeiterin zur Einschulung neuer Kräfte eingesetzt. Als der Betrieb seine Produktion nach Südostasien verlagert, wird Frau T. arbeitslos. Die Angebote vom Arbeitsamt beschränken sich auf Gastgewerbe und "Putzjobs". Frau T. wird selbst aktiv und nimmt Kontakt zur Frauenstiftung auf. Zur Zeit besucht sie eine Umschulungsmaßnahme und wird zur Bürokauffrau ausgebildet. Zum Thema "Einkommen" hat Frau T. einiges zu sagen.

Frau T.: Ich bin praktisch Mann und Frau; würde ich nicht arbeiten gehen, müßten wir verhungern. (...)Oft verdienen die Männer auch zu wenig, um eine Familie zu erhalten. Ein Mann, der eine Familie erhalten muß, könnte zum Beispiel nie in einem Gastgewerbebetrieb arbeiten. (...)Das zweite Problem sind die niedrigen Löhne. Wenn ich jetzt eine Stelle im Gastgewerbe bekomme, wo ich 60,- Schilling verdiene, könnte ich die nicht einmal annehmen.

---

[40] Vgl *Bundesministerium für Arbeit und Soziales (Hg)*, Von Ausgrenzung bedroht, Forschungsberichte aus Sozial- und Arbeitsmarktpolitik 50 (1993) - hier wird ausdrücklich auf die prekäre finanzielle Lage der Alleinverdienerhaushalte bzw. der Alleinerzieherinnen hingewiesen.

2.3.1. Einkommensdifferenzen

Die Einkommen von Männern und Frauen differieren noch immer in beinahe allen Branchen und Positionen. Es mag schwierig sein, gleiche Tätigkeit und das daraus bezogene Einkommen objektiv zu vergleichen.[41] Tatsache bleibt, daß Frauen im Durchschnitt weniger Einkommen für gleiche Leistung erhalten.

Frau F., Betriebsrätin in einem Produktionsbetrieb, erklärt im Interview, warum Frauen und Männer für vergleichbare Arbeiten unterschiedlich entlohnt werden.

Frau F.: Es hat immer geheißen, die Männer können die Maschinen selbst umstellen, deshalb kriegen sie auch mehr bezahlt. Aber wenn du einen (Kollegen, Anm.) gebraucht hast, ist eh nie einer dagewesen, und wir haben uns die Maschinen erst selber umstellen müssen. (...) Bei uns Frauen ist die Bezahlung eben weniger als bei den Männern. Aber dagegen kämpfst du wirklich wie der Don Quichote gegen Windmühlen.

Eine Frau, die ständig gegen Windmühlen kämpft, ist die ehemalige Frauenministerin Johanna Dohnal. Sie bringt das Problem auf den Punkt:

"Das Lächeln der Frau bei der Arbeit ist zu bezahlen."

"Das was Frauen tun, muß besser bezahlt werden, denn es ist in vielen Fällen Schwerarbeit. Außerdem wollen Arbeitgeber oft die Fähigkeiten von Frauen umsonst dazuhaben. Fürsorglichkeit, Genauigkeit, ein ständiges Lächeln ... Das was die Mutter zu Hause macht, soll sie dann gleich in der Fabrik mittransportieren. Und das muß etwas kosten. Wer diese Fähigkeit hat, muß dafür bezahlt werden."[42]

[41] *Wolf/Wolf*, Einkommensunterschiede (1991).
[42] OÖ Nachrichten, 7.3.1994, Artikel verfaßt von *Birgit Baumann*.

Die oben zitierten "weiblichen" Eigenschaften der Arbeitnehmerinnen könn(t)en am Arbeitsmarkt unterschiedlich interpretiert werden - sowohl als Negativposten als auch als zusätzliche Qualifikation. Johanna Dohnal hat erkannt, daß gerade jene Dispositionen, die Frauen quasi "automatisch" aufgrund ihrer Sozialisation mit in das Unternehmen einbringen, höher bezahlt werden müßten. Die Realität sieht freilich anders aus - gerade die Orientierung der Frauen auf Interaktion und Kommunikation erschwert ihnen die berufliche Anerkennung und ihr Fortkommen.

Auch die Zuordnung des Einkommens zu verschiedenen Industriebranchen zeigt in allen Qualifikationsstufen ein ähnliches Bild: So sind die klassischen Männerfirmen "Hochlohnbranchen" (Chemieindustrie, Bergbau, Eisenhütten und Papiererzeugung), die frauendominierten Betriebszweige hingegen "Niedriglohnbranchen" (Textil, Leder und Bekleidung). *"Das niedrige Einkommen in der Bekleidungsbranche kann nicht aus der geringeren Qualifikation der dort Beschäftigten erklärt werden..."*[43]

Dringen Frauen in "männliche" Branchen ein, so entstehen dort Verschiebungen. Der höhere Frauenanteil bewirkt ein Stagnieren der Löhne, die Männer wandern ab in andere Branchen. Wenn "solche Prozesse überhand nehmen, könnte daraus ein Emanzipationsparadoxon entstehen. Abstrakt kann man dies wie folgt formulieren: Frauen, die nach Selbstverwirklichung und Anteilnahme durch Arbeit in der offiziellen Ökonomie streben, verschärfen dort den Wettbewerb um die sich in der Rezession verknappenden Arbeitsplätze; dadurch verschlechtern sich die Arbeitsbedingungen, sodaß die Befreiung des Individuums als Frau durch die Versklavung des Individuums als Arbeitnehmerin erkauft ist"[44].

---

43 *Wolf/Wolf*, Einkommensunterschiede (1991) 37.

44 *Zilian/Fleck,* Kosten (1990) 155; dazu auch *Beck-Gernsheim,* Arbeitsmarkt (1981)155 f.

Niedriges Einkommen zeigt auch über die Dauer der Erwerbstätigkeit hinaus seinen Einfluß: Sehr viele Transferzahlungen berechnen sich aus der Höhe des Einkommens während des Beschäftigungsverhältnisses. So bleiben Frauen bei Bezug einer Leistung aus der Arbeitslosen- oder Pensionsversicherung benachteiligt. "Die Einkommensnachteile der Frauen bei den pensionierten Arbeitern und Angestellten bewegen sich zwischen 39 und 48% und sind damit deutlich höher als bei den im Berufsleben stehenden."[45] "Die Einkommensunterschiede zwischen Frauen und Männern sind somit bei den neu in den Ruhestand tretenden Arbeitern und Angestellten sogar eher größer als bei der Gesamtheit der pensionierten Arbeiter und Angestellten, und es kann daher auch nicht erwartet werden, daß es bei der Einkommensverteilung der Pensionisten ohne größere Änderungen bei den Einkommensunterschieden im Erwerbsleben und in den Pensionsregelungen zu einer Verminderung dieser Einkommensnachteile der Frauen kommt."[46]

2.3.2. Einkommensdifferenzen in Spitzenpositionen

Im Zuge der Vorbereitungen für diese Arbeit nahm ich mit einer Management-Beratungsfirma telefonischen Kontakt auf. Zuvor war in verschiedenen Tageszeitungen unter Bezugnahme auf jene Beratungsfirma zu lesen, daß auch in Spitzenpositionen Einkommensdifferenzen zwischen Männern und Frauen durchaus üblich sind, allerdings wurden in den Berichten keine konkreten Zahlen genannt.

Bei meinem Anruf wurde ich an Herrn Mag. T. verwiesen, der meine Bitte um die Zusendung von Zahlenmaterial zwar höflich aber doch sehr bestimmt ablehnte. Er bestätigte, daß es firmeninterne Aufzeichnungen über geschlechtsspezifische Einkommen gäbe, daß aber Differenzen in der Bezahlung aus den unterschiedlichsten Gründen entstehen könnten.

[45] *Wolf/Wolf*, Einkommensunterschiede (1991) 54.
[46] *Wolf/Wolf*, Einkommensunterschiede (1991) 56.

Allerdings wies er auch darauf hin, daß es "gelegentlich" differierende Dotationen gäbe, die "sachlich absolut nicht gerechtfertigt" seien.

Das wesentlichste Argument für seine abschlägige Antwort war aber, seine Firma wolle sich nicht in eine öffentliche Auseinandersetzung zu diesem Thema "hineinziehen" lassen. Um geschlechtsspezifisch begründete Einkommensunterschiede zu beseitigen, bedürfe es noch "intensiver Medien- und Erziehungsarbeit in der Öffentlichkeit".

Meines Erachtens zeigt dieses Beispiel besser als jede Statistik den Status quo. Firmen, die sich darauf spezialisiert haben, hochqualifizierte ArbeitnehmerInnen zu vermitteln, wissen sehr wohl um die ungleichen Chancen von Frauen und Männern. Eine Konfrontation in den Medien scheuen sie aus guten Gründen: In beinahe allen Vetretungsgremien ihrer Auftraggeber sind Frauen unterrepräsentiert, haben Männer das Sagen. Jene Männer, die sich für eine gerechte Aufteilung der Chancen - und damit zugunsten der Frauen - engagieren, müssen angesichts dieser patriarchalischen Strukturen um ihre eigene Reputation und berufliche Zukunft besorgt sein.

3. Die Gegensätze: Karrierefrau oder Nur-Hausfrau

3.1. Frauen und Karriere

"Wirklichkeitsfremde Lebenseinstellung"

Trotz aller Schwierigkeiten gibt es doch einige Frauen, die den Vorstoß an die "Spitze" geschafft haben - sei es nun in der Politik, im Management, in der Wissenschaft oder in der Privatwirtschaft. Sie sind jedoch immer noch die Ausnahme und keine Selbstverständlichkeit - die Geschlechterparität in Führungspositionen blieb bislang ein Wunschtraum der feministisch engagierten Frauen. Vielmehr implizieren erfolgreiche Frauen in der Öffentlichkeit ein gewisses Mißtrauen - und nicht selten wird ihnen aufgrund ihres beruflichen Aufstiegs mangelnde "Weiblichkeit" unterstellt.[47]

"Schon der Sprachgebrauch verweist darauf, daß die Verbindung von Weiblichkeit und Führungskraft für Hirne beiderlei Geschlechts nicht ganz unproblematisch ist. Einen ‘Karrieremann’ als Pendant zur ‘Karrierefrau’ gibt es nicht, allenfalls den Karrieristen, und der ist negativ konnotiert. Es ist noch nicht allzulange her, daß der Begriff ‘Karrierefrau’ als Schimpfwort benutzt wurde, um einer Frau ihre Weiblichkeit abzusprechen, wie ‘Mannweib’ oder ‘Rabenmutter’."[48]

Frauen in Spitzenpositionen sind eine Seltenheit; sie sind sogar so selten, daß sie, wenn sie es geschafft haben in männlich dominierte Hierarchien vorzudringen, in diversen Medien als "Vorzeigefrauen" gehandelt werden - nicht selten mit dem Hinweis darauf, daß diese Frauen *Beruf und Haushalt* gleichzeitig mühelos bewältigen.

"Und so wird denn auch in Porträts von Frauen, die es geschafft haben, viel Wert auf die Feststellung gelegt, daß sie auch geschafft haben, sich

[47] *Fuchs,* Die besseren Zwei. Mann und Frau in der Gesellschaft von heute (1987).
[48] *Keuler,* Arbeit (1993) 98.

Charme, Freundlichkeit, Attraktivität zu erhalten. (...) Auch die Vereinbarkeit von Beruf und Familie geht voll zu Lasten der Frau. Und irgendwie hat der Anspruch (von seiten der Gesellschaft, aber auch der Anspruch an sich selbst) sich verfestigt, beides gleichermaßen perfekt zu tun. Damit läuft das Leitbild der Superfrau auf einen weiteren Unterdrückungsversuch hinaus, denn erfüllen kann frau das hohe Ideal allenfalls in der Karikatur:...."[49]

Frauen haben es trotz gleicher Qualifikation und trotz Gleichbehandlungsgesetz wesentlich schwerer als Männer. "Trotz gleicher Ausbildung und Qualifikation beträgt der Frauenanteil an den Entscheidungspositionen in Österreich noch immer lediglich 3,9 Prozent."[50]

Berufsbiographien von Frauen werden gemessen an den Erwerbsverläufen der Männer. Bei diesem Vergleich können Frauen immer nur verlieren: Passen sie sich den männlichen Verhaltensweisen und -normen an, werden sie zu "Mannweibern"; versuchen sie, sich ihre "Weiblichkeit" zu bewahren, werden sie nicht ernst genommen. Für Männer stellt sich die Frage der Wahl zwischen Beruf und Familie überhaupt nicht, für Frauen hingegen bedeutet der Wunsch nach beruflichem Aufstieg sehr oft auch gleichzeitig den Verzicht auf Kinder und Ehe.[51]

Nicht nur die Schwierigkeit, Beruf und Familie zu vereinen, bzw. die Entscheidung, zugunsten des beruflichen Aufstiegs überhaupt auf traditionelle Bindungen zu verzichten, erschweren die Karriereambitionen engagierter Frauen. Sehr oft werden sie auch von ihren Geschlechtsgenossinnen mit Mißtrauen betrachtet. "Frauen in der Umgebung von Karrierefrauen haben nicht mehr das Gefühl, mit ihr als mit einer Geschlechtsgenossin zu reden, und ziehen sich daher zurück."[52]

---

[49] *Keuler,* Arbeit (1993) 100.
[50] Der Standard, 1.7.1994, ohne Verfasser.
[51] *Beck-Gernsheim,* Das halbierte Leben, Männerwelt Beruf - Frauenwelt Familie (1980).
[52] *Fuchs,* Mann (1987) 73.

Aufgrund ihrer "weiblichen" Sozialisation haben Frauen nicht gelernt, mit Konkurrenz richtig umzugehen. "Wettbewerbssituationen stellen sich Frauen als Rivalitätssituationen dar, in denen es nur Sieger und Verlierer gibt, die dann aber auseinandergehen. Konkurrenz schließt für sie die friedliche Koexistenz aus. Frauen nehmen Konkurrenz persönlicher - auch das ein Handicap in der männerbestimmten Arbeitswelt."[53]

Das Unvermögen von Frauen, mit Konkurrenzsituationen umgehen zu können, ohne die weibliche Solidarität in Frage zu stellen, verschlechtert ihre Position am Arbeitsmarkt zusätzlich. Frauen betrachten einander mit einem "heimlich sexistischen Blick"[54] und unterstützen damit die Fortdauer der patriarchalischen Normen und Werte. "Frauen, die einander einzig da anerkennen, wo sie die ihnen qua Geschlecht zugewiesene soziale Rolle spielen, verfehlen einander als Personen und verhalten sich damit sexistisch."[55]

"Außerdem sind wir auf Konkurrenz nicht vorbereitet. Frauen werden dazu sozialisiert, offenen Konflikten aus dem Weg zu gehen. Das notwendige positive Selbstvertrauen wird uns (...) früh ausgetrieben. Viele glauben, daß Frauen von Natur aus nichtkonkurrent sind."[56]

Von den Anfängen der Arbeitssuche einer Frau, die es "geschafft" hat, berichteten die Salzburger Nachrichten (22.11.1994) unter dem Titel *"Alltägliche Verhinderung":*

"Da saß sie, jung, dynamisch, das Studium gerade erfolgreich hinter sich - und diesen Personalchef vor sich. Ideen, wie sie den Job machen würde, hatte sie genug mitgebracht. Den Personalchef interessierte etwas anderes: Ob sie daran denke, eine Familie zu gründen.

---

53 *Keuler,* Arbeit (1993) 96.

54 *Becker-Schmidt/Knapp,* Geschlechtertrennung - Geschlechterdifferenz. Suchbewegungen sozialen Lernens (1987) 116.

55 *Becker-Schmidt/Knapp,* Geschlechtertrennung (1987) 116.

56 *Miner/Longino (Hg),* Konkurrenz. Ein Tabu unter Frauen (1990) 8.

Derzeit nicht, antwortete Frau Dr. Demand wahrheitsgemäß, aber vielleicht später. Woraufhin sie Frage zwei traf: Wie sie sich das denn vorstelle, eine hochkarätige Karriere mit Kindergeplärr zu kombinieren? Die junge Frau stutzte. Sie habe sich darüber noch nicht den Kopf zerbrochen, sagte sie. Aber sie traue sich zu, Kinder und Karriere unter einen Hut zu kriegen.

An diesem Punkt der Geschichte wenden wir uns mit einer Preisfrage an die sehr geschätzte Leserschar. Hat Frau Dr. Demand den Job bekommen? Gratulation, sehr richtig! Sie hat nicht. Begründung? Der Personalchef hat auf einen Zettel gekritzelt: Wirklichkeitsfremde Lebenseinstellung.

Womit wir bei Preisfrage zwei, die zugegebenermaßen viel schwieriger ist, angelangt sind. Sie lautet: Was ist aus Frau Dr. Demand geworden? Keine Ahnung? Also dann: Frau Dr. Demand heißt heute Frau Dr. Petrovic, ist Mutter zweier kleiner Mädchen und steht an der Spitze einer im Parlament vertretenen Partei."

3.2. Frauen und Hausarbeit

"Du hast eh Zeit den ganzen Tag."

Ein hervorragendes Merkmal der Hausarbeit ist ihre Unbezahltheit. In einer Gesellschaft, in der Macht, Prestige und Sozialstatus im wesentlichen über Beruf und die Verfügung über Geld definiert werden, sind "Nur-Hausfrauen" sowohl ökonomisch als auch gesellschaftlich abhängig von ihrem Partner. Der gesellschaftliche Status der Hausfrau leitet sich ab aus der beruflichen Position des Mannes, "aber auch von seiner Zuneigung und Treue, denn nur so lange kann sie ihren Hausfrauenstatus halten. Hausfrauen sind also in einem umfassenden Sinne abhängig"[57].

[57] *Ochel,* Hausfrauenarbeit. Eine qualitative Studie über Alltagsbelastungen und Bewältigungsstrategien von Hausfrauen (1989) 15.

"Die meiste Arbeit wird nicht bezahlt"[58]

Kernaussagen:
"Die unbezahlte Hausarbeit spielt eine beträchtliche Rolle, findet aber in keiner Statistik als Beitrag zur wirtschaftlichen Leistung einen Niederschlag.
Der überwiegende Teil dieser unbezahlten Arbeit wird von Frauen geleistet.
Als Wert der unbezahlten Tätigkeiten errechneten die Statistiker für 1991 ausgehend vom Nettostundenlohn einer Hauswirtschafterin in der Höhe von 77,- Schilling insgesamt 6.020 Milliarden(!) Schilling, pro Haushalt und Monat also 17.850,- Schilling!

Die zunehmende Berufstätigkeit der Frauen hat das traditionelle Rollenbild noch nicht verändert - den Großteil der häuslichen Pflichten übernehmen immer noch die Frauen!"

Hausarbeit wird unentgeltlich geleistet. Jene, die sie leisten, sind daher in hohem Maße von der Anerkennung jener abhängig, denen diese Arbeit gilt. Ein wesentliches Kriterium perfekter Hausarbeit ist aber der repetitive Charakter und ihre "Unsichtbarmachung"[59]. Deshalb fällt die Anerkennung der Familienmitglieder zumeist ziemlich spärlich aus. Diese fehlende "Belohnung" für die geleistete Arbeit und der Aspekt der finanziellen Abhängigkeit belastet die "Nur"-Hausfrauen stark.

"Materielle Hausarbeit stellt keine bleibenden Produkte her, sondern ist die ewig gleiche Wiederholung von Arbeiten zur Erhaltung schon vorhandener Produkte und ihre Zurichtung zum Gebrauch. Dieser Charakter der materiellen Hausarbeit produziert bei den Frauen das Gefühl von Monotonie und das Gefühl, nie mit der Arbeit fertig zu werden. Denn

[58] OÖ Nachrichten, 16.8.1994, Artikel verfaßt von *Hermann Neumüller*.
[59] *Ostner*, Heimlich heißt ungesehen, in *Tornieporth (Hg)*, Arbeitsplatz Haushalt (1988) 91 f.

indem die gebrauchsfähig gemachten Produkte ihrem Zweck zugeführt, d.h. konsumiert werden, verschwindet das Resultat der Arbeit, und sie beginnt von vorn."[60]

Ein weiteres Problem der Hausarbeit ist, daß sie zeitlich kaum so strukturierbar ist wie die Erwerbsarbeit. Die Grenzen zwischen Arbeit und Freizeit sind fließend. Eine Hausfrau hat immer "Arbeit", steht den Familienmitgliedern fast jederzeit zur Verfügung und kann sich selbst kaum abgrenzen.

Frau Z. ist 34 alt. Ihren Arbeitsplatz in der Fabrik hat sie verloren, da das Unternehmen die Produktionsstätte in Österreich stillegte. Seither ist sie auf der Suche nach einem neuen Job. Sie berichtet, daß die Mithilfe ihres Mannes bei der Hausarbeit seit ihrer Arbeitslosigkeit nur mehr minimal ist.

Frau Z.: Und der Bub sagt dann, geh hol mir das und das aus der Stadt. Und mein Mann sagt, da nimmst mir auch gleich das und das mit. Und wenn ich mich dann aufreg, dann heißt es, du hast eh Zeit den ganzen Tag.

Hausarbeit bedeutet nicht nur fehlende Anerkennung und finanzielle Abhängigkeit sondern auch Isolation. Dabei spielt es keine Rolle, ob die Tätigkeit im Haus "frei" gewählt wurde - z.B. wegen der Kinder -, oder ob sie sich ergab, weil die Frau arbeitslos wurde und keinen passenden neuen Job fand. Viele Nur-Hausfrauen berichten über das zermürbende Gefühl der Isoliertheit, die die Beschränkung auf den Haushalt mit sich bringt.[61]

---

[60] *Kontos/Walser*, ...weil nur zählt, was Geld einbringt. Probleme der Hausfrauenarbeit (1979) 90.

[61] *Fuchs/Taschner*, Fällt der Mann vom Podest? Hausfrauendasein und Männerkarrieren (1989).

Frau W. ist 23 Jahre alt, verheiratet und hat zwei Kinder. Sie hat den Beruf der Verkäuferin erlernt, ist aber - vor allem wegen der familienfeindlichen Arbeitszeiten - nicht mehr bereit, in diese Branche zurückzukehren. Noch während der Karenzzeit nimmt sie Kontakt mit der "Frauenstiftung" auf, um für sich neue Berufsfelder zu erschließen.

Frau W: Ich muß hinaus. Es war bei mir so, nach einem dreiviertel Jahr fällt einem einfach die Decke auf den Kopf.

Frau M. ist 26, verheiratet und hat ein Kind; sie wurde bereits weiter oben zitiert. Den Beruf der Friseurin erlernt sie, weil diese Ausbildungsstelle nach Ende der Pflichtschulzeit das einzige ist, was ihr *"so halbwegs zusagt"*. Kurz vor dem Ende ihrer Lehrzeit wird Frau M. schwanger - ihre Ausbildung schließt sie nicht mehr ab. Wie sie ihr Hausfrauendasein erlebt, beschreibt sie folgendermaßen:

Frau M: Am Anfang war ich froh, daß ich mit der Arbeit aufhören konnte, wie ich das Baby gekriegt habe. Und die erste Zeit daheim war ja auch wirklich aufregend, weil ich ja noch nicht so recht damit (mit dem Baby, Anm.) umgehen konnte. Aber nach einiger Zeit ist mir aufgefallen, daß ich nur noch in der Babysprache rede den ganzen Tag. Aber Zeit zum Kaffeetrinken mit einer Freundin ist mir auch nie geblieben. Und dann habe ich mir gedacht, schön langsam versumpfe ich da daheim.

Und Hausarbeit ist Frauensache. Eine von den Linzer Soziologen Johann Bacher und Liselotte Wilk durchgeführte Untersuchung ergab, daß Frauen täglich zwischen 3,4 und 4,9 Stunden im Haushalt arbeiten, während Männer nach 42 Minuten das Handtuch werfen. Auch mit einem neuen Rollenverständnis bei jungen Paaren scheint es nicht weit her zu sein.[62]

[62] *Bacher/Wilk*, "Neue" Väter? - ...nur dann, wenn es unbedingt sein muß..., in SWS-Rundschau 2 (1992).

"Auch junge, berufstätige und gut ausgebildete Paare, für die partnerschaftliche Arbeitsteilung geläufig sein müßte, bewegen sich oft in traditionellen Bahnen. Während Frauen mit Matura bis 29 Jahren täglich immerhin drei Stunden etwa putzen, kochen, bügeln und waschen, sehen gleich gut ausgebildete Männer dieser Altersgruppe ihren Part nach nicht einmal einer Dreiviertelstunde als erledigt an.

Dem Bild des Partners, der zu Hause alle viere von sich streckt, entspricht auch die Einstellung der Männer zur Berufstätigkeit von Frauen. So glaubt immerhin jeder dritte Österreicher fest daran, daß der einzig richtige Platz für Mütter zu Hause bei ihren Kindern und Hausarbeit Frauensache ist."[63]

Unermüdlich wird in der Literatur auch auf die psychischen Belastungen der Hausarbeit hingewiesen.[64] So verführerisch es für manche - vor allem jüngere - Frauen zunächst erscheinen mag, sich mit der Geburt eines Kindes von einem ungeliebten Arbeitsplatz zurückziehen zu können, so werden doch die meisten vom Alltag des Haushalts zermürbt. Möchten die Frauen dann in das Berufsleben zurückkehren, so müssen sie feststellen, daß ein "Wiedereinstieg" - vor allem nach mehrjähriger Unterbrechung - ungemein schwierig ist.

[63] OÖ Nachrichten, 29.12.1994, Artikel verfaßt von *Karin Haas.*

[64] *Beck-Gernsheim,* Die Kinderfrage. Frauen zwischen Kinderwunsch und Unabhängigkeit (1989); *Ostner,* Beruf und Hausarbeit, Die Arbeit der Frau in unserer Gesellschaft (1978); *Ochel,* Hausfrauenarbeit (1989); *Kontos/Walser,* Geld (1979).

4. Arbeitslosigkeit

4.1. Die Situation der Kündigung

"Das war eine Stimmung, das kann man nicht beschreiben - das war echt brutal."

Die meisten der Interviewpartnerinnen verloren ihren Arbeitsplatz durch Firmenschließungen. Die Betriebe verlagerten ihre Produktion in osteuropäische Länder oder nach Asien. Die Stillegung der Produktionsstätten in Österreich blieb jedoch nicht geheim, sehr oft waren schon lange vorher Gerüchte im Umlauf.

Diese Gerüchte bewirkten eine dramatische Verschlechterung des Arbeitsklimas; die Solidarität der Frauen untereinander ließ merklich nach, jede hatte Angst um ihren Arbeitsplatz, Denunziationen waren an der Tagesordnung. Besonders schlimm war das Arbeitsklima in Betrieben, die ihre MitarbeiterInnen schrittweise abbauten.

Frau E. ist 49 Jahre alt, verheiratet und hat einen Sohn, der das Haus schon verlassen hat. Eine abgeschlossene Ausbildung hat sie nicht. Sie war 15 Jahre in der Fabrik, bis der Betrieb geschlossen wurde.

Frau H. ist 46 Jahre alt und arbeitete gemeinsam mit Frau E. in der Fabrik. Ihre Situation ist besonders tragisch. Sie hat einen sechsjährigen Sohn, den sie allein aufzieht. Früher kümmerte sich ihre Schwester, mit der Frau H. im gemeinsamen Haushalt lebt, um das Kind. Vor einem Jahr erkrankte die Schwester schwer und muß nun von Frau E. zusätzlich betreut werden. Zusätzlich hat Frau E. aufgrund eines Autounfalls noch eine Erwerbsbehinderung von 50%, weswegen sie ihren erlernten Beruf als Verkäuferin nicht mehr ausüben kann. In der Fabrik war sie 17 Jahre als Arbeiterin beschäftigt.

Frau E. und Frau H. kamen gemeinsam zum Interviewtermin.

Frau E.: Es wurde dann schon intern unter den Kolleginnen darüber gesprochen, wer als erste bzw. nächste gekündigt werden sollte. Wenn zum Beispiel eine rausgegangen ist, hat eine andere auf die Uhr gesehen und wollte aufschreiben, wie lange die draußen war. Das war eine Stimmung, das kann man nicht beschreiben - das war echt brutal.

Frau H.: Zuerst wurden die gekündigt, die am längsten im Betrieb waren. Zum Beispiel solche, die 25, 20 oder 15 Jahre noch vollgebracht hätten. Das waren brave Leute, die nicht viel Krankenstand hatten. Es wurde ihnen gesagt, es gäbe für sie keine Arbeit. (...) Die Befristeten wurden behalten, die langjährig Beschäftigten entlassen. Da haben wir uns schon aufgeregt.

Weil aber klare Aussagen seitens des Managements fehlten, hofften die Betroffenen manchmal bis zum Schluß, es werde doch "irgendwie weitergehen". Deshalb traf das endgültige "Aus" die meisten Frauen trotz der Gerüchte vorher überraschend.

Frau E.: Wie wir draufkamen, daß da etwas nicht stimmt? Zuerst mußten wir Überstunden und Überstunden machen. Da wollten die wahrscheinlich rausarbeiten soviel es geht. Wir haben sogar am Sonntag und zu Weihnachten gearbeitet - da gab's eine Prämie. Und auf einmal war Schluß. Und dann ist einmal was in der Zeitung gestanden, aber der Chef von Deutschland war zu Weihnachten da und hat gesagt, daß das, was in der Zeitung steht, nicht stimmt. Er hat gesagt, wir sollen uns nicht verunsichern lassen, und daß, solange er der Chef der Firma ist, nicht zugesperrt wird. (...) Und er sagte auch, er würde die Zeitung verklagen, aber davon hat man dann auch nie was gehört. (...)

Das hat sich dann noch fast ein Jahr hingezogen. Dann sind die ersten gekündigt worden. Und dann bin ich im November in der Früh in die Firma gekommen und die Betriebsrätin ist rausgekommen und hat gesagt: "Ich will Euch nur sagen, daß im Radio heute durchgegeben wird, daß der Betrieb geschlossen wird. Wir haben heute die Versammlung."

Die haben das gewußt. Wir haben es bis daß es gesagt wurde, nicht geglaubt. Wir haben gehofft, daß es doch irgendwie weitergeht. Erst am Tag der Versammlung ist es in der Firma offiziell geworden.

Für jene Frauen, die bereits während der Abbauphase gekündigt wurden, ergab sich die paradoxe Situation, einerseits um den verlorenen Arbeitsplatz zu trauern, andererseits verspürten sie aber auch ein Gefühl der Erleichterung, weil die Ungewißheit nun ein Ende hatte.

Frau U. ist 40 Jahre alt, verheiratet und hat zwei Kinder. Sie wohnt in einer Region Oberösterreichs, in der der Produktionsbetrieb, in dem sie arbeitete, die einzige Möglichkeit für eine Teilzeitarbeit für Frauen darstellte. Zum Zeitpunkt des Interviews begannen in der Firma die ersten Kündigungen, die zuerst die Teilzeitbeschäftigten betrafen. Mittlerweile wurde der Betrieb geschlossen.

Frau U.: Ich habe schon damit gerechnet, daß ich gekündigt werde. Wie mir der Chef die Kündigung gegeben hat, hat es mir doch mehr weh getan, als ich zuerst gedacht habe. Ich habe das dann doch nicht so leicht verkraftet. Aber irgendwie war ich auch froh, daß ich jetzt gewußt habe, woran ich bin.

Dieses regelrechte "Aufatmen" in der Situation der Kündigung ist die Folge der lang andauernden Ungewißheit und der daraus resultierenden Streßsituation.[65]

Mit der Hoffnung auf ein Fortbestehen des Betriebes läßt sich auch begründen, warum die meisten Frauen nicht schon während des noch aufrechten Dienstverhältnisses nach einem neuen Arbeitsplatz suchten. Die

[65] *Pelzmann,* Individuelle Folgen von Arbeitslosigkeit. Österreichisches Institut für Arbeitsmarktpolitik 33 (1988); *Klink,* Hilfesuchverhalten erwerbsloser Frauen, in *Mohr (Hg),* Ausgezählt, Theoretische und empirische Beiträge zur Psychologie der Frauenerwerbslosigkeit (1993) - in beiden Studien berichten Betroffene von ähnlichen Erfahrungen in der Situation der Kündigung.

Situation auf dem Arbeitsmarkt wurde von einigen Frauen falsch eingeschätzt; sie rechneten damit, schnell wieder "etwas" zu finden und wurden erst durch die Kontaktaufnahme mit dem Arbeitsamt mit der Realität konfrontiert.

Frau H.: Es gibt hier nicht sehr viele Möglichkeiten für Frauen: Putzen, Gastgewerbe - aus.

4.2. Auswirkungen der Arbeitslosigkeit

"Manchmal hat man Tage dabei, da hat man Depressionen."

4.2.1. Die psychischen Belastungen

Während der Interviews mit betroffenen Frauen wurde deutlich, daß die "Alternativrolle" keinen Ersatz für berufliche Tätigkeit darstellt. Die Kündigung und der Verlust des Arbeitsplatzes waren für fast alle Frauen ein traumatisches Erlebnis. Die Berichte davon enthielten Wörter wie "brutal" oder "Begräbnisstimmung". Nur die wenigsten Frauen hatten jedoch damit gerechnet, daß sich die Suche nach einem neuen Arbeitsplatz so schwierig gestalten würde. Die Situation der Arbeitssuche und die Schwierigkeiten und Vorurteile, mit denen sie konfrontiert wurden, waren für viele Frauen neu. Mit jeder Absage auf eine Bewerbung, mit jeder abschlägigen Antwort auf eine telefonische Anfrage werden die Betroffenen mutloser. Viele Frauen erleben diese Situationen als demütigend und reagieren darauf mit sinkendem Selbstwertgefühl und Depressionen.[66]

Frau O. ist 45 Jahre alt, geschieden und hat drei Kinder. Zum Zeitpunkt des Interviews ist Frau O. bereits seit neun Monaten arbeitslos; um wie-

[66] *Mohr (Hg)*, Ausgezählt, Theoretische und empirische Beiträge zur Psychologie der Frauenerwerbslosigkeit (1993); *Zilian/Fleck*, Kosten (1990); *Pelzmann*, Folgen (1988).

der Arbeit zu finden, hat Frau O. einiges unternommen - so hat sie zum Beispiel selbst in der Regionalzeitung ein Inserat geschaltet. Daß sie noch immer ohne Arbeit ist, führt Frau O. vor allem auf ihr Alter zurück. Die immer wieder enttäuschten Hoffnungen bei Bewerbungen und die teilweise sehr unfreundlichen Äußerungen bei telefonischen Erstkontakten mit Firmen bewirken bei Frau O. in zunehmendem Maße Depressionen.

Frau O.: (...) aber trotzdem wird man mit 45 Jahren abgestempelt. Es wird einem oft direkt gesagt: "Dafür sind Sie zu alt." Bei der Firma W., da war eine Frau am Apparat, die hat das so gesagt. Da hätte ich am liebsten gefragt: "Und, wie alt sind Sie?" (...)
Die Kündigung war eine schwerwiegende Veränderung im Leben. Ich habe seit der Kündigung 17 Bewerbungen geschrieben und alle waren negativ.(...)

Außerdem gibt es sonst noch soviele Probleme, zum Beispiel wenn man um Gebührenbefreiung ansucht, da muß man sich bei der Post am Schalter anstellen - wie lange das alles dauert - ich habe das vorher nicht gekannt - das ist alles oft sehr erniedrigend. Ich muß ehrlich sagen, ich bin nicht gerne arbeitslos. Ich habe mir die letzten Jahre (der Berufstätigkeit, Anm.) so vorgestellt, daß ich gerne zur Arbeit gehe und nicht weil ich das Geld brauche oder so.

Frau St. ist 44 Jahre alt, verheiratet und hat drei Kinder; das jüngste geht erst in den Kindergarten - Frau St. selbst bezeichnet es als "Nachzügler", die beiden älteren Kinder sind 15 und 18 Jahre alt. Frau St. absolviert eine Lehre als Einzelhandelskauffrau und arbeitet nach dem Ende ihrer Lehrzeit noch zwei Jahre lang als Verkäuferin. Anschließend wechselt sie in eine Möbelfirma und bringt es dort von einem einfachen administrativen Lagerjob bis zur Chefsekretärin. Die Berufstätigkeit unterbricht sie nur kurz, als ihre beiden ersten Kinder zur Welt kommen - *"Da war meine Mutter noch gesund"* - das Karenzjahr nimmt sie weder beim ersten noch beim zweiten Kind in Anspruch.

Kurz bevor sie erneut schwanger wird, erkrankt ihre Mutter, die bei ihr im Haus lebt, schwer. Frau St. geht in Karenz und muß nach ihrer Rückkehr in die Firma feststellen, daß ihr Arbeitsplatz besetzt ist; sie wird nach 20 Jahren Firmenzugehörigkeit gekündigt. Frau St. ist fast ein Jahr lang arbeitslos, nützt jedoch die Zeit für Buchhaltungs- und Personalverrechnungskurse, *"weil überall, wo ich gefragt habe, haben sie mich gefragt, ob ich das kann, und ich mußte mit 'Nein' antworten."*

Nach einem Jahr findet sie eine Stelle, *"wo ich die ganzen Kurse nicht gebraucht habe, es ist wie verhext"*. Die Arbeit macht ihr großen Spaß, ihr Mann bedrängt sie jedoch, den Arbeitsplatz aufzugeben.

Frau St.: Mein Mann hat geschimpft, weil ich so weit fahren mußte. Aber das war nicht der wirkliche Grund: In dieser Firma haben fast nur Männer gearbeitet, und manchmal sind wir halt nach der Arbeit noch beisammen gesessen und haben ein Gaudi gehabt und so. Und das hat ihm nicht gepaßt.

Frau St. gibt den Arbeitsplatz auf, findet kurzfristig noch eine Stelle in der Nähe ihres Wohnortes, ist dort aber unzufrieden. Nach zehn Wochen kündigt sie nach einem Streit mit ihrer Chefin; seither ist sie arbeitslos. Für Frau St., die seit dem Ende ihrer Schulzeit berufstätig und finanziell unabhängig war, ist die Situation sehr schwierig. Zum einen ist sie frustriert, weil sie einen Arbeitsplatz, der ihr Spaß machte, auf das Drängen ihres Mannes hin aufgegeben hatte, zum anderen erlebt sie die Suche nach Arbeit als demütigend und reagiert darauf mit Depressionen.

Frau St.: 44 Jahre, da hast du keine Chance mehr. (...) Es hilft alles nichts; am Anfang habe ich versucht mir einzureden, wenn alle (Familienmitglieder, Anm.) fort sind, dann fahre ich in die Stadt. Ganz egal, ob ich das Rad nehm oder das Auto, und tu ein bißchen bummeln und Auslagen schauen. Aber man belügt sich nur selber. (...) Manchmal hat man Tage dabei, und heute ist so ein Tag, da hat man Depressionen.

4.2.2. Die finanziellen Belastungen

Daß das Entgelt aus der Erwerbstätigkeit für Frauen in den meisten Fällen mehr ist als nur ein "Dazuverdienen", wurde bereits im Kapitel "Einkommen" ausführlich dargestellt. Für arbeitslos gewordene Frauen und für ihre Familienmitglieder bedeutet der Wegfall eines Monatslohnes meist erhebliche Einschränkungen in der Lebensführung, Alleinverdienerinnen sind darüber hinaus massiv in ihrer Existenz bedroht. (Siehe dazu weiter oben das Zitat von Frau T. "Würde ich nicht arbeiten gehen, müßten wir verhungern!").

Frauen, deren Partner ein gesichertes, regelmäßiges Einkommen haben, erleben den Verlust des Arbeitsplatzes in materieller Hinsicht zwar etwas gelassener, aber auch für sie bedeutet der Ausfall eines Lohnes Einschränkungen im gewohnten Lebensstandard.

Frau G. ist 36 Jahre alt, lebt in Lebensgemeinschaft mit ihrem Partner und hat keine Kinder; sie wurde bereits zitiert. Obwohl sie im Interview vorerst darauf hinweist, daß sie "schockiert" war, als sie gekündigt wurde, weil sie Kreditrückzahlungen zu leisten hat, schwächt sie diese Aussage im weiteren Verlauf des Gesprächs etwas ab.

Frau G.: Bei mir ist ja die Kündigung trotzdem nicht so schlimm gewesen, weil ich ja einen Partner habe. Aber Frauen, die keinen Mann haben, die stehen dann blöd da. Sicher mit dem Arbeitslosengeld können sie die wichtigsten Zahlungen machen, aber bei der Arbeitssuche stehen diese Frauen mehr unter Druck. (...) Ich bin nicht unbedingt darauf angewiesen, aber wenn man einmal einen gewissen Lebensstandard gewohnt ist, dann ist es nicht mehr so einfach, sich umzustellen.

Der Verlust des Einkommens bedeutet für Frauen mit Partner nicht nur Einschränkungen in der Lebensführung sondern auch eine Form von Abhängigkeit, die sie nicht gutheißen.[67]

[67] *Bundesministerium für Arbeit und Soziales (Hg)*, Leben ohne Arbeit, Forschungsberichte aus Sozial- und Arbeitsmarktpolitik 38 (1991) 56f.

Die Kurzbiographie von Frau J. wird an dieser Stelle angeführt, obwohl ihre Aussagen genausogut den Kapiteln "Einkommen", "Interesse an Umschulung", "Alter" oder "Berufswahl" zuzuordnen wären. Sie steht deshalb hier, weil Frau J. während des Interviews mehrmals deutlich darauf hinwies, wieviel Spaß ihr die Arbeit gemacht hatte und wie unglücklich sie nun über die Abhängigkeit von ihrem Mann sei.

Frau J. ist 44 Jahre, verheiratet und hat zwei erwachsene Kinder. Sie hat keine Ausbildung.

Frau J.: Ich habe nur die Volksschule besucht. In meiner Jugend hat die Hauptschule viel Geld gekostet, und meine Eltern haben sich das nicht leisten können.

Frau J. arbeitet in der Fabrik bis zu ihrem ersten Kind. Während der folgenden Jahre der Kindererziehung übernimmt sie Heimarbeit, um das Familienbudget zu entlasten. Sieben Jahre arbeitet sie anschließend wieder in der Fabrik, bis sie wegen Verlagerung des Betriebes ins Ausland ihren Arbeitsplatz verliert. Frau J. ist bei der Arbeitssuche mit mehreren Schwierigkeiten konfrontiert: Sie ist "zu alt" und sie hat keine Ausbildung; an einer Umschulung hat sie kein Interesse, aber Fabriksarbeitsplätze für Frauen gibt es im Bezirk kaum noch.

Frau J.: Die Jüngeren haben das (die Kündigung, Anm.) nicht so tragisch genommen, aber in meinem Alter Arbeit finden, ist sehr schwer. (...) Ich habe sieben Jahre Akkord gearbeitet, vor der Arbeit habe ich keine Angst. (...) Eine Umschulung in meinem Alter? Ich muß sagen, eigentlich interessiert mich das alles nicht mehr - ich habe einfach keine Nerven mehr dazu.(...) Das hängt alles mit viel Lernen zusammen, und dem fühle ich mich einfach nicht mehr gewachsen. Die Arbeit dagegen macht mir nichts aus, denn ich bin viel Arbeit ja gewohnt. Vom Lernen bin ich einfach schon viel zu weit weg.

Sie wäre bereit, jede Arbeit anzunehmen, findet aber trotzdem nichts. Die finanzielle Abhängigkeit von ihrem Mann schmerzt sie besonders.

Frau J.: Ich muß sagen, wir kommen zwar durch mit dem Gehalt von meinem Mann, aber für Sonderwünsche bleibt kein Geld mehr übrig. (...) Wenn man jahrelang selber verdient hat, dann tut es schon weh, auf einmal wieder völlig vom Mann abhängig zu sein.

Finanzielle Abhängigkeit vom Partner bewirkt bei Frauen, vor allem bei jenen, die es gewohnt sind, über ein eigenes Einkommen zu verfügen, einen Verlust des Selbstwertgefühls - in ihrem Selbstbild sind sie zu "Bittstellerinnen" degradiert, auch wenn ihnen der Partner die Verwaltung der Finanzen wie selbstverständlich überläßt und keine diesbezüglichen Bemerkungen macht. Vor allem bei Fabriksarbeiterinnen war während der Interviews herauszuhören, daß sich ihr Selbstbewußtsein über die Höhe des Einkommens definierte. (Zitat: "Der Verdienst war sehr gut für eine Frau!") Sinkendes Selbstbewußtsein, ausgelöst durch die Erfahrungen bei der Suche nach einem neuen Job und die ungewohnte Situation, kein eigenes Einkommen mehr zur Verfügung zu haben, bewirken Mutlosigkeit und Depressionen.

4.3. Schwierigkeiten bei der Arbeitssuche

"Sie haben eh einen Mann, zu was gehen Sie arbeiten!"

Frauen sehen sich bei der Suche nach einer Arbeitsstelle mit Hindernissen und Schwierigkeiten konfrontiert, die teilweise tief in ungeschriebenen gesellschaftlichen Normen verankert sind, und die sich für männliche Arbeitssuchende gar nicht erst stellen.

Zum Beispiel die alleinige Zuständigkeit für Kinderbetreuung und Hausarbeit macht Frauen bei der Wahl ihres Arbeitsplatzes sowohl in regionaler als auch in zeitlicher Hinsicht unflexibel. Ein Alter über 35 bedeutet bei Frauen nicht nur abnehmende Leistungsfähigkeit sondern auch mangelnde Attraktivität; das Alter unter 30 hingegen impliziert bei potentiellen Arbeitgebern einen noch nicht realisierten Kinderwunsch - und ist damit ebenfalls ein guter Grund, um eine Bewerberin abzulehnen.

Im folgenden Kapitel sollen jene Probleme und Vorurteile aufgezeigt und hinterfragt werden, die Frauen den Eintritt in die Erwerbstätigkeit erschweren.

4.3.1. Verschiebungen auf dem Arbeitsmarkt

Immer mehr Produktionsbetriebe in Österreich schließen ihre Pforten und verlagern ihren Standort in osteuropäische bzw. asiatische Länder. Die Gründe hier anzuführen wäre müßig - fest steht, daß sich die Strukturen des Arbeitsmarktes verändern und damit auch die Qualifikationsprofile. Die Verschiebung am Arbeitsmarkt erfolgt entlang der Achse Produktion - Dienstleistung.

"Dienstleistung fängt Industrie auf"[68]
Der Inhalt des Artikels befaßt sich im wesentlichen mit den o.a. Strukturverschiebungen am Arbeitsmarkt. Behauptet wird, daß bei der Verlagerung der Struktur des Arbeitsmarktes von der Produktion hin zur Dienstleistung vor allem "die Frauen profitieren".
Übersehen wird in diesem Artikel allerdings, daß der Begriff "Dienstleistung" nicht nur das Banken- und Versicherungswesen und ähnlich attraktive Branchen umfaßt, sondern auch den Reinigungsberuf, sprich: den Putzjob.

"Mehr Körperpflege, weniger Metall"[69]
Der Inhalt dieses Artikels kommt der Realität schon näher:
"Wie zu erwarten, sind auch die Bereiche Körperpflege und Gesundheit Wachstumsbranchen. Im Bereich Körperpflege/Reinigungswesen verzeichnete die Gebietskrankenkasse um 2509 Personen oder 37,4 Prozent mehr."

[68] OÖ Nachrichten, 12.8.1994, Artikel verfaßt von *Dietmar Mascher*.
[69] OÖ Nachrichten, 8.11.1994, Artikel verfaßt von *Dietmar Mascher*.

"Strukturkrise am Arbeitsmarkt"[70]
Berichtet wird von der aktuellen Arbeitsmarktsituation in Österreich: "Insgesamt steigt die Arbeitslosenrate derzeit in den Dienstleistungsberufen, wo es wiederum am stärksten die Frauen trifft. Im Dienstleistungssektor waren im ersten Quartal 1994 knapp 111.000 Menschen ohne Job, das sind um 2,6 Prozent mehr als im Vorjahresquartal. Gleichzeitig steigt aber auch die Zahl der Beschäftigten in diesem Sektor am stärksten."
Durch den Zustrom in den Sektor der Dienstleistungsberufe wird die Aufnahmefähigkeit immer mehr gesättigt. Gleichzeitig bewirkt die Segmentierung des Arbeitsmarktes eine Dreiteilung der Gesellschaft.

"Touch-Menschen und Tech-Menschen"
benennt Gudrun Biffl, Arbeitsmarktexpertin des Wifo, diese Teilung. Die dritte Gruppe bilden die Arbeitslosen, die in Zukunft in einer entsolidarisierten Gesellschaft mit sinkenden Sozialleistungen werden rechnen müssen.

"Es wird zu einem Auseinanderklaffen der Einkommen je nach Ausbildung kommen. Es wird dann unterschieden zwischen den besser verdienenden Tech-Menschen und den Touch-Menschen im Dienstleistungsbereich. Da kommt zum Ausdruck, daß wir, die Zuwendung und Berührung brauchen, dafür nichts zahlen wollen. Dazu kommt noch, daß in der Folge die sozialen Transferzahlungen wie Arbeitslosengeld im Vergleich zu den niedrigen Einkommen weiter sinken. Und das ist keine hypothetische Annahme, das passiert schon jetzt."[71]

Befragt nach Maßnahmen, die ihnen ihre Situation erleichtern würde, antworteten in den Interviews alle arbeitslos gewordenen Industriearbeiterinnen mit:

---

[70] Kurier, 7.6.1994, Artikel verfaßt von *Andrea Hodoschek.*
[71] *Biffl* zit, in OÖ Nachrichten, 20.4.1994, Artikel verfaßt von *Dietmar Mascher.*

"Man sollte wieder Fabriken ansiedeln."

Viele dieser Frauen machten die bittere Erfahrung, daß sie für die Anforderungen eines veränderten Arbeitsmarktes nicht gerüstet sind. Fehlende oder "falsche" formale Qualifikation, eingeschränkte Mobilität, zu alt oder zu jung - die Konfrontation mit den realen Gegebenheiten des Arbeitsmarktes wurde für viele Frauen ein Spießrutenlauf, bei dem manchmal das Selbstbewußtsein bis an die Grenze gefordert wurde.

4.3.2. Alter

Das Alter einer Frau bietet für den potentiellen Arbeitgeber scheinbar immer die Möglichkeit, die Stellenbewerberin abzulehnen. So wurde einer 28jährigen ein abschlägiger Bescheid erteilt mit dem Hinweis, sie sei "zu jung", weil in diesem Alter "die Frauen die Kinder bekommen".

Andererseits haben Frauen bereits im Alter von 35 Jahren ernsthaft Schwierigkeiten, einen Arbeitsplatz zu bekommen, vor allem wenn es sich dabei um Tätigkeiten handelt, die intensive Kundenkontakte erfordern, wie z.B. im Handel oder im Gastgewerbe. Damit wird aber nicht nur die Leistungsfähigkeit der Frauen in Frage gestellt, sondern auch ihre Attraktivität.

Frau B.: Ja, ich weiß nicht, wieviel Bewerbungen ich in den letzten eineinhalb Jahren gemacht habe. Und bei zwei Drittel habe ich dann zu hören bekommen: "Über vierzig, was über vierzig sind Sie schon? Nein, dauernd im Krankenstand, dauernd haben die Frauen etwas und in die Wechseljahre kommen Sie dann auch, und außerdem - Sie haben eh einen Mann, zu was gehen Sie arbeiten!"

Die Berufserfahrung der "älteren" Frauen scheint nicht viel zu zählen, vor allem Frauen über 40 bekommen das ganz deutlich zu spüren. Einige Interviewpartnerinnen berichteten, es sei ihnen bei einer telefonischen

Bewerbung nach Bekanntgabe ihres Alters nicht einmal mehr die Gelegenheit zu einem persönlichen Gespräch gegeben worden. Die Aussage von Frau K. steht hier exemplarisch für einige ähnliche Zitate anderer Frauen.

Frau K. ist 34 Jahre alt und Alleinerzieherin. Sie absolviert eine Bürolehre, arbeitet dann in verschiedenen Betrieben als Verkäuferin und nützt intensiv jede Möglichkeit, sich zusätzliche Qualifikationen durch Kurse anzueignen. Bevor ihr Kind zur Welt kommt, ist sie Filialleiterin einer großen Lebensmittelkette. Nach der Geburt ihres Kindes und der Scheidung *"ist es mit den Jobs bergab gegangen"*.

Durch die Betreuungspflichten ist Frau K. zeitlich sehr eingeschränkt, sie arbeitet als Putzfrau, als Hilfsarbeiterin in der Fabrik. Zur Zeit ist sie arbeitslos.

Frau K.: Wissen Sie, was mir passiert ist? Ich habe mich in einem Textilgeschäft beworben. (...) Ich habe mit ihm (dem Arbeitgeber, Anm.) telefoniert, dann haben wir einen Vorstellungstermin ausgemacht. Dann hat er noch einmal von meinem Alter geredet, von den 34 Jahren. Zum Schluß hat er gesagt, er ruft mich 'mal zurück (...) aber eigentlich bin ich schon zu alt. Da hab' ich mich schon geschreckt.

Gerade in Branchen - obwohl nicht nur dort -, wo intensiver Kundenkontakt gepflegt wird, die Mitarbeiterin quasi als "Aushängeschild" des Unternehmens gilt, wird "weibliche Attraktivität" hoch bewertet - "ein Beurteilungskriterium, durch das Frauen grundsätzlich stärker benachteiligt sind als Männer, da es bei Männern kaum Anwendung findet. Die Beurteilung der Frauen (nicht aber der Männer) nach der äußeren Erscheinung, der körperlichen Attraktivität in nahezu allen Berufen und Positionen läßt einmal das Altern der Frau früher beginnen und erschwert zudem ihre Lebenssituation zusätzlich."[72]

---

[72] *Lehr,* Zur Situation der älterwerdenden Frau. Bestandaufnahmen und Perspektiven bis zum Jahre 2000 (1987) 3.

Die Attraktivität einer Frau scheint sich nach ihrem Geburtsdatum zu richten und nicht nach der äußeren Erscheinung. Wie sonst wäre es zu erklären, daß Frau K. nicht einmal einen Termin zu einer persönlichen Vorsprache nach Nennung ihres Alters bekommen hat?

Als Beispiel dafür, daß die Attraktivität einer Frau ihr wider Erwarten auch als Nachteil ausgelegt werden kann, soll hier (obwohl nicht unmittelbar dem Thema "Arbeitslosigkeit" zuzuordnen) die Schilderung einer Abteilungsleiterin angeführt werden, die anführt, warum einer Kollegin im Geldinstitut kurzfristig ein Mann für einen leitenden Posten vorgezogen wurde:

"Da mir das bei dieser Kollegin nicht eingeleuchtet hat, habe ich mich beim Vertreter der Geschäftsstellenkoordination nach den Gründen für diese Entscheidung erkundigt. Da ist mir gesagt worden: 'Ja, am Land eine Frau... Das ist für eine Frau einfach ein Problem. Denn da muß man ja mit den Kunden am Abend auch ausgehen. Darauf habe ich gesagt, daß diese Frau das ohnedies gemacht hätte. Worauf der Betreffende gemeint hat: 'Ja, das ist schon richtig, aber das ist ja auch wieder ein Problem. Die schaut ja sehr gut aus. Und wenn sie dann mit den Unternehmern essen geht, dann werden deren Ehefrauen eifersüchtig...'"[73]

Zu alt oder zu jung, zu unansehnlich oder zu attraktiv - sehr oft werden Frauen bei der Einstellung (oder bei innerbetrieblichen Beförderungschancen wie im o.a. Beispiel) mit subjektiven Maßstäben gemessen, auf die sie keinen Einfluß nehmen können. Bei Bewerbungen erscheint die formale Qualifikation von Frauen erst in zweiter Linie maßgeblich.

"Zu alt" für den Arbeitsmarkt ist eine Thematik, welche nicht nur Frauen tangiert; auch Männer gelten spätestens ab 45 als "schwer vermittelbar".

---

[73] *Buchinger/Pircher*, Diskriminierungen (1994) 149.

Je niedriger das Ausbildungsniveau, je höher das Alter der Betroffenen, umso schwieriger wird es für sie, am Arbeitsmarkt wieder Fuß zu fassen.

Während jedoch "älteren" Männern ein abschlägiger Bescheid auf eine Bewerbung zumeist in sachlicher oder zumindest nicht verletzender Form mitgeteilt wird - Stichwort: "Wir sind ein junges Team!" - sind die Antworten, die Frauen zu hören bekommen, zumeist ausgesprochen kränkend.

In einer Studie des BMAS, welche die Situation arbeitssuchender Menschen ab 40 untersuchte, erzählen Frauen von Bewerbungsgesprächen, bei denen sie mit unglaublichen Äußerungen konfrontiert wurden:

"Ja wenn ich gewußt hätte, daß sie so fesch und attraktiv sind" bekam eine 40jährige zu hören und erhielt vom Personalchef eine Einladung zu einem Abendessen anstelle eines Jobs.[74]

Und eine 42jährige Stellensuchende bekam von einem 22jährigen Mann, bei dem sie sich vorstellte, zu hören: *"Was wollen Sie denn eigentlich da? Ledige Menscher mit Gschrappen nehmen wir nicht auf."*[75]

4.3.3. Kinderbetreuung - Arbeitszeit - Teilzeit

Die hier in einer Reihe genannten Begriffe stehen für Frauen in so enger Abhängigkeit voneinander, daß eine getrennte Betrachtungsweise kaum möglich ist. Noch immer ist es so, daß die Öffnungszeiten der Kinderbetreuungseinrichtungen nicht mit den Arbeitszeiten der Berufstätigen

[74] *Bundesministerium für Arbeit und Soziales (Hg)*, „Mir haben sich eigentlich was Jüngeres vorgestellt!", Arbeit suchen ab 40, Forschungsberichte aus Sozial- und Arbeitsmarktpolitik 25 (1988) 70.
[75] *Bundesministerium für Arbeit und Soziales (Hg)*, Arbeit (1988) 70.

harmonisieren - das Gegenteil ist der Fall. Allein schon der Umstand, daß viele Kindergärten während der Mittagszeit geschlossen werden, bringt für berufstätige Mütter eine Reihe organisatorischer Schwierigkeiten mit sich, die nur mit großem Aufwand gelöst werden können.

Auch die von Frauen oft gewünschte Teilzeitarbeit läßt sich gerade in jenen Branchen, die überwiegend weibliche Mitarbeiter beschäftigen, kaum mit Betreuungspflichten für Kinder vereinbaren. Die zur Zeit in der Öffentlichkeit laufenden Diskussionen um eine Flexibilisierung der Ladenschlußzeiten rücken diesen Umstand wieder ins Bewußtsein. Die divergierenden Interessen von Arbeitnehmerinnen und den Vertretern der Wirtschaft scheinen unüberbrückbar. Während für Frauen Teilzeitarbeit aufgrund der Öffnungszeiten von Kindergärten und Schulen meist nur vormittags möglich ist, sucht der Handel Arbeitskräfte vor allem für den kundenintensiveren Nachmittag. Daß auf die Situation von Alleinerzieherinnen durch die Schaffung flexibler Arbeitszeiten besonders Rücksicht genommen wird, kann bezweifelt werden. Eher wahrscheinlich ist die Annahme, daß sie durch ihre Lebensumstände, die sie unflexibel machen, zusätzlich diskriminiert werden.

Gerade im ländlichen Raum mangelt es noch mehr als im städtischen Bereich an Unterbringungsmöglichkeiten für Kleinkinder. Während Frauen aus den größeren Städten meist mit vollen Wartelisten bei Kindergärten konfrontiert werden, stehen Frauen aus den umliegenden Gemeinden vor der schier unlösbaren Situation überhaupt fehlender Betreuungseinrichtungen.

Berufstätige Frauen organisieren mit Hilfe ihrer weiblichen Angehörigen, meistens mit Mutter und/oder Schwiegermutter, in einigen Fällen mit Schwester bzw. Schwägerin, ein engmaschiges System von Betreuungszeiten, wobei aber die kleinste Störung im gewohnten Rhythmus - z.B. die Erkrankung des Kindes, das dann im Bett bleiben muß und nicht außer Haus gebracht werden kann - ein Zusammenbrechen der gesamten Maschinerie bedeuten kann.

Jene Frauen, denen dieses soziale Netz von helfenden Familienmitgliedern nicht zur Verfügung steht, und die auch keinen geeigneten Platz für ihr Kind zur fallweisen Beaufsichtigung finden, bleibt oft nichts anderes übrig, als die Kinder allein zu lassen. So erzählte zum Beispiel Frau K., sie habe in den Abendstunden, während das Kind schlief, einen Putzjob angenommen, *"um uns wenigstens halbwegs über die Runden zu bringen"*. Daß die mangelnde Aufsicht unter Umständen fatale Folgen haben könnte, darüber war sich Frau K. im klaren: *"Da stehst du Todesängste aus, daß irgendwas passiert."*

Aber nicht nur die zeitliche Bewältigung der möglichst lückenlosen Betreuung allein stellt Frauen vor Probleme. In den Interviews war aus den Aussagen mancher Frauen herauszuhören, daß sie mit der Erziehungsarbeit, die die "Omas" vornehmen, nicht immer einverstanden sind. Die Großmütter erlauben ihren Enkeln gelegentlich Verhaltensweisen (z.B. fernsehen) oder Vergünstigungen (z.B. das oftmalige Kochen der "Lieblingsspeise"), die die Mutter nicht gewährt. Dann stehen die Frauen vor dem Problem, daß sie jene Personen, auf die sie unverzichtbar angewiesen sind, kaum kritisieren können, um das Stimmungsklima nicht zu reizen - und daß sie andererseits hohen Erziehungsaufwand leisten müssen, um ihrem Kind klarzumachen, warum manches eben zu Hause nicht so gehandhabt wird wie bei der Oma.[76]

Für jene Frauen, die ihre Kinder in Kindergärten untergebracht haben, entstehen vor allem während der Sommermonate große Probleme. Die Kinder werden zu "Wanderkindern", Eltern verzichten auf gemeinsame Ferienerlebnisse und nehmen abwechselnd Urlaub, um die Betreuung zu gewährleisten, in manchen Fällen werden Kinder ab dem Volksschulalter allein gelassen. Die zeitlichen Einschränkungen, denen Frauen mit

[76] *Becker-Schmidt/Knapp*, Arbeiterkinder gestern - Arbeiterkinder heute. Erziehungsansprüche und -probleme von Arbeiterinnen im intergenerativen Vergleich, in *Fricke (Hg)*, Forschungsinstitut der Friedrich-Ebert-Stiftung, Reihe Arbeit XV (1985) 115 f.

Kindern unterliegen, bedeuten am Arbeitsmarkt eine wesentliche Benachteiligung. Mütter sind hinsichtlich ihrer Einsetzbarkeit im Unternehmen nicht flexibel genug. Hier entsteht die Situation, daß Frauen nicht nur gegenüber Männern benachteiligt werden, sondern auch innerhalb ihrer eigenen Geschlechtszugehörigkeit eine Diskriminierung stattfindet: Frauen ohne Kinder werden Frauen mit Kindern gegenüber bevorzugt behandelt.

Die folgenden Kurzbiographien von Frau R. und Frau P. stehen exemplarisch für viele andere. Ausgewählt wurden sie, weil die beiden Frauen verschiedenen Generationen angehören und anhand ihrer Erzählungen nachzuvollziehen ist, daß sich trotz der 15 Jahre, die sie trennen, nichts an der grundlegenden Problematik geändert hat.

Frau P. ist 49 Jahre alt, verheiratet und hat drei Kinder. Sie erlernt den Beruf Einzelhandelskauffrau in einer Gemischtwarenhandlung, den sie mit der Lehrabschlußprüfung beendet. Kurz nach Ende ihrer Lehrzeit heiratet sie, bekommt ihr erstes Kind und bleibt ein Jahr zu Hause. Danach geht sie als Arbeiterin in eine Fabrik, *"weil die Arbeitszeit war dort besser mit dem Kind zu vereinbaren"*. Nach der Geburt ihres zweiten Kindes bleibt sie länger als ein Jahr daheim. Danach beginnt sie in einer anderen Fabrik als Arbeiterin am Band zu arbeiten und wird wieder schwanger. Auch nach dem dritten Kind bleibt sie länger als ein Jahr zu Hause, weil öffentliche Betreuungseinrichtungen fehlen. *"Früher hat es ja noch nichts gegeben! "*

Anschließend sucht sie sich eine Arbeitsstelle in einem Büro, nimmt an einem Büropraxiskurs des BFI teil und erhält einen entsprechenden Arbeitsplatz in der Bezirksbauernkammer. Während dieser Zeit kümmert sich ihre Mutter, die im gleichen Ort lebt, um ihre Kinder. Als ihre Mutter stirbt, muß Frau P. ihren Arbeitsplatz aufgeben. Kurz vor dem Tod ihre Mutter begannen sie und ihr Mann mit dem Hausbau; Frau P.s Einkommen ist notwendig, um die Schulden zu bezahlen. Sie geht daher nach dem Tod ihrer Mutter wieder als Arbeiterin in die Fabrik, da sich die Arbeitszeiten dort leichter mit der Kinderbetreuung vereinbaren lassen.

Frau P.: Es gibt einen Kindergarten. Aber was habe ich vom Kindergarten nach 14.30 Uhr, wenn ich Schluß gehabt habe um 16.30 Uhr. Der Kindergarten hat nicht den ganzen Tag über offen gehabt. Früher gab es bei der Firma N. noch Schichtarbeit und ich nahm eben die Schicht von sechs Uhr bis 14.30 Uhr.

Frau R. hat ebenfalls eine abgeschlossene Ausbildung als Einzelhandelskauffrau. Sie ist 34 Jahre alt, verheiratet und hat zwei Kinder. Nach dem Ende ihrer Lehrzeit kündigt sie, weil sie das Gefühl hat, *"dort ewig das Lehrmädchen zu bleiben"*. Sie sucht sich einen Arbeitsplatz in der Fabrik, den sie ein Jahr später aufgibt, um in eine andere Fabrik zu wechseln. Sie lernt ihren Mann kennen, der ebenfalls Schicht arbeitet: *"Mein Mann hat damals dieselbe Schicht gehabt, das war super."*

Nach der Geburt ihres ersten Kindes bleibt sie ein Jahr in Karenz, danach geht sie in die Fabrik zurück; nach einem weiteren Jahr kommt ihr zweites Kind zur Welt. Nach der Geburt beschließt Frau R., zu Hause zu bleiben, *"weil ich niemanden gehabt habe für meine Kinder"*. Als ihre Jüngste drei Jahre alt ist, geht Frau R. in den Konsum als Verkäuferin.

Frau R.: Im Konsum habe ich gearbeitet von August 1990 bis Mai 1991. Dann habe ich kündigen müssen, weil ich dort eine Arbeit gehabt habe, die sich nicht mehr mit der Familie vereinbaren hat lassen. Die Kinder hätten darunter leiden müssen, wenn ich wieder arbeiten gegangen wäre. Wie gesagt, drei Stunden am Vormittag, von neun bis zwölf Uhr, von zwölf bis 15 Uhr habe ich Pause gehabt. Dann wären die Kinder vom Kindergarten gekommen und von 15 bis 18 Uhr habe ich wieder im Geschäft arbeiten müssen.

Frau R. findet eine Teilzeitbeschäftigung in der Fabrik; nach drei Jahren wird sie gekündigt. Zum Zeitpunkt des Interviews ist sie noch arbeitslos, hat aber eine Teilzeitanstellung in einem Textilgeschäft in Aussicht, das von den Besitzern sehr familiär geführt wird. Frau R. wird großteils am Vormittag eingesetzt werden; zugleich bekommt sie das Angebot, ihre Kinder ins Geschäft mitzunehmen, wenn sie am Nachmittag gebraucht werden sollte. Für Frau R. ist dieses wirklich außergewöhnliche Angebot die Lösung ihrer Probleme.

Frau R.: Und wenn das wirklich so ist, daß er (der Geschäftsinhaber, Anm.) so entgegenkommend ist, daß ich mir meine Kinder mitnehmen kann, (...) dann kann ich sagen, du Martin, kommst um halb drei gleich her und machst bei mir die Aufgaben nebenbei. Und ich brauche keinen Fremden wieder zum Kinderaufpassen, da hinschieben, dort hinschieben. (...)

Meine Mama ist jetzt 71 Jahre, die Schwägerin ist jetzt 20 Jahre fast zu Hause gewesen, sie arbeitet jetzt wieder beim H. (...) Meine Schwägerin hat gleich gesagt, verlaß dich nicht auf mich, daß ich deine Kinder nehme, weil ich nehm sie nicht.

4.3.4. Regionale Mobilität

Frauen sind bei der Wahl ihres Arbeitsplatzes sowohl in zeitlicher als auch in regionaler Hinsicht nicht mobil. Die zeitlichen Einschränkungen, die sich aus den Betreuungspflichten ergeben, wurden bereits im vorhergehenden Kapitel erläutert.

Regionale Mobilitätsbeschränkungen betreffen vor allem Frauen aus ländlichen Gemeinden. Manche dieser Orte sind nur sehr schlecht durch öffentliche Verkehrsmittel erschlossen; außerdem wird die Benutzung dieser Verkehrsmittel als zu teuer empfunden.

Zumeist haben die Familien ein Auto zur Verfügung, welches der Mann benutzt, um damit in die Firma zu kommen. Hier zeigt sich ein Paradoxon: Der Ehemann braucht das Auto nur für den Weg in die bzw. von der Firma, es steht den ganzen Tag ungenutzt auf dem Firmenparkplatz. Frauen mit Kindern haben wesentlich mehr Wege zu erledigen: Kindergarten, Schule, Einkauf, Arzt, zusätzliche Nachmittagsstunden wie Turn-

oder Musikstunde, etc. - diese Wege legen Frauen zu Fuß oder mit öffentlichen Verkehrsmitteln zurück.

Frau N. ist 35, verheiratet und hat zwei Kinder. Sie wohnt in einer ländlichen Gemeinde an der Grenze zwischen zwei Bezirken. Frau N. hat die Handelsschule absolviert und möchte nach siebenjähriger "Kinderpause" wieder in ihren Beruf zurückkehren. Pro Tag verkehren zwischen ihrem Wohnort und der 15 Kilometer entfernten Bezirkshauptstadt lediglich zwei (!) Busse. Frau N. hat zwar einen Arbeitsplatz in Aussicht, weiß aber noch nicht, wie sie die Strecke zwischen Wohnort und Arbeitsstelle bewältigen soll. Auf die Frage, ob ihr nicht ihr Mann, dessen Arbeitsplatz näher beim Wohnort liegt, das "Familienauto" zum Pendeln überlassen würde, reagiert sie erstaunt.

Frau N.: Wir haben nur ein Auto - und das braucht eben mein Mann.

Gibt es zwei Autos in der Familie, so fährt der Mann zumeist den prestigeträchtigeren, größeren Wagen - die Frau bekommt den kleineren Wagen, deklariert als "praktischer" im Stadtverkehr, zugewiesen. Da Frauen aber mit Kindern unterwegs sind und ein großer Wagen auch mehr Sicherheit bietet (gerade im Stadtgebiet!), wäre die umgekehrte Verwendung der Fahrzeuge logischer.

Frauen zeigen aber auch Unsicherheiten hinsichtlich ihrer Fahrpraxis. Befragt danach, ob pendeln ein Problem sei, war bei den Interviews sinngemäß oft zu hören *"Im Sommer geht es, aber im Winter - bei Glatteis oder Schnee - möchte ich nicht fahren"*.

Die schlechten öffentlichen Verbindungen der ländlichen Regionen zu den Bezirksstädten stellen Frauen vor eine Reihe weiterer organisatorischer Probleme. In manchen Betrieben gab es früher Pendlerbusse, die aber mit der Zeit aus Kostengründen eingestellt wurden. Danach bildeten sich Fahrgemeinschaften. Durch die Stillegung großer Betriebe in ihrer unmittelbaren Umgebung sehen sich die Frauen nun gezwungen, entweder große zeitliche Verzögerungen bei der Fahrt zum/vom Arbeitsplatz in Kauf zu nehmen oder ein (zweites) Auto anzuschaffen. Ein "Zweitauto" ist aber oft auch aus finanziellen Gründen nicht tragbar.

Frau R.: Am Arbeitsamt habe ich gleich meine Gründe gesagt. Mein Mann arbeitet in der Schicht und braucht das Auto - wenn ich woanders arbeiten müßte, ich sage Ihnen gleich, daß ich mir kein zweites Auto kaufe. Denn ich gehe nicht in die Arbeit, daß ich mir ein zweites Auto erhalte. Weil wir haben umgebaut zu Hause und wir haben andere Zahlungen und zwei Kinder - ich meine, wenn du nur einen Verdienst hast, dann mußt du den Schilling fünfmal umdrehen. (...) Das hab ich gleich von Haus aus gesagt, daß ich mir nicht ein Auto kaufe, daß ich halbtags wo hin und her fahre.

4.4. Das Interesse an Umschulung und Weiterbildung

"Ich versteh nicht, warum mir das nicht bezahlt wird."

Versäumte Qualifikationen nachzuholen oder bestehende Qualifikationen zu vertiefen ist *altersunabhängig*. Junge Frauen betonten während des Interviews, daß sie nun einmal genug von der Schule hätten und endlich Geld verdienen wollen. "Ältere" Frauen hingegen äußerten desöfteren den Wunsch, Ausbildungen nachzuholen, die sie in ihrer Jugend aus verschiedenen Gründen nicht machen konnten.

Frau O. ist 45 Jahre alt, geschieden und hat drei Kinder; sie wurde bereits zitiert. Nach Beendigung der Schulzeit beginnt sie eine Bürolehre, die sie aber nach dem zweiten Jahr wegen Schwangerschaft abbricht. Sie bleibt zwölf Jahre zu Hause und zieht drei Kinder groß. Als sich ihr Mann scheiden läßt, geht sie als Arbeiterin in die Fabrik. Der Betrieb schließt seinen Standort in Österreich - Frau O. verliert nach acht Jahren Firmenzugehörigkeit ihren Arbeitsplatz. Sie ist seither auf der Suche nach einer neuen Arbeitsstelle, wird aber aus Altersgründen zumeist schon bei der ersten telefonischen Kontaktaufnahme abgewiesen.

Frau O.: Mit 45 Jahren wird man abgestempelt. Es wird einem schon oft direkt gesagt: "Dafür sind Sie zu alt".

Frau O. hat aufgrund ihrer erfolglosen Arbeitssuche verschiedene andere Überlegungen angestellt; sie möchte unbedingt eine Ausbildung machen, die es ihr erlaubt, wieder in die Erwerbstätigkeit einzusteigen. In den erlernten Beruf kann sie nicht mehr einsteigen, zuviel hat sich im Bürobereich in den letzten Jahren verändert. Ihr Ziel wäre es, sich als Masseurin und Kosmetikerin selbständig zu machen, und sie hat auch ganz konkrete Pläne (z.B. die Verwendung zweier Räume als Praxis im Erdgeschoß ihres Hauses).

Beim Arbeitsamt aber wird sie mit ihren Plänen abgewiesen, der Kurs wird ihr nicht finanziert. Mit eigenen Mitteln - ohne Unterstützung von offizieller Seite - ist aber für Frau O. die Kursmaßnahme unerschwinglich.

Frau O.: Der Kurs würde cirka 22.000,- Schilling kosten, dazu kommt das Geld für das Quartier am Ausbildungsort und was ich halt zum Leben brauche. (...) Ich versteh nicht, warum mir das nicht bezahlt wird, denn wenn ich mich dann selbständig gemacht habe, dann liege ich ihnen (dem Arbeitsamt, Anm.) ja nicht mehr auf der Tasche.

Frau L. ist 33 Jahre alt, verheiratet und hat zwei Kinder. Sie stammt aus einer bäuerlichen Großfamilie. Nach Ende der Pflichtschulzeit beginnt sie bei einem Fleischhauer als Haushaltshilfe zu arbeiten; nach drei Jahren wechselt Frau L. in eine Fabrik, wo sie am Fließband Akkordarbeit verrichtet.

Frau L.: Nach der Schule habe ich keine Pläne gehabt. Meine Eltern haben immer gesagt: "Du heiratest ja eh".

In der Fabrik arbeitet Frau L. bis zum Mutterschutz. Anschließend an die Geburt ihres ersten Kindes bleibt sie 13 Jahre zu Hause. Dann erfährt sie durch Zufall von einer Freundin, daß in einer Fabrik in ihrer Nähe Arbeiterinnen gesucht werden. Frau L. ist zwar nicht auf der Suche nach Arbeit, aber der Verdienst und die sozialen Kontakte am Arbeitsplatz reizen sie. Anfangs ist der Widerstand gegen ihre Berufstätigkeit in der Familie sehr groß, doch als Mann und Kinder merken, daß Frau L. nicht von ihrer Entscheidung abläßt, gewöhnen sie sich an die neue Situation und helfen bei der Hausarbeit.

Nach zwei Jahren in der Fabrik wird der Betrieb geschlossen. Seither arbeitet Frau L. als Putzfrau in einer Reinigungsfirma. Obwohl sie es heute bereut, keine abgeschlossene Ausbildung zu haben, und sie sich bedingt durch die angespannte Arbeitsmarktsituation im Bezirk Sorgen wegen der Lehrstellenplätze für ihre Kinder macht, kann sie sich nicht vorstellen, eine Ausbildung nachzuholen.

Frau L.: Eine Freundin von mir lernt jetzt Industriekauffrau - das wär mir einfach zu steil. Nein, jetzt noch etwas Neues lernen, das traue ich mir einfach nicht zu.

Frau S. ist 18; zum Interview kommt sie in Begleitung ihrer Mutter, zu der sie ein sehr enges und herzliches Verhältnis hat. Im Alter von sechs Jahren verlor sie ihren Vater, die anderen Angehörigen leben weit entfernt, die Mutter ist für Frau S. die einzige Bezugsperson.

Frau S. erzählt, daß sie im Polytechnischen Lehrgang die Möglichkeit zu einer "Schnupperlehre" im Gastgewerbe ergriffen hätte, die ihr sehr gut gefallen habe. Andere Berufswünsche verfolgt sie ab diesem Zeitpunkt nicht mehr, ihre Entscheidung ist gefallen.

Am Ende des letzten Schuljahres beginnt sie in dem gleichen Gastgewerbebetrieb ihre Lehrausbildung und ist herb enttäuscht. Arbeitszeiten bis tief in die Nacht sind keine Seltenheit, und *"die Chefin war auch nicht mehr so freundlich"*.

Ob sie selbst gekündigt hat oder gekündigt wurde, daran kann sich Frau S. nach eigenen Angaben nicht mehr erinnern. Ihre Aussagen bleiben an dieser Stelle vage. *"Die haben mich immer ausgenützt, und nachher hab ich es halt gelassen."*

Seither sucht sie eine Arbeitsstelle als angelernte Verkäuferin; diesen Beruf als "Lehrberuf" zu erlernen und damit eine abgeschlossene Ausbildung zu erwerben, dazu hat sie keine Lust. Die Mutter nimmt während des Interviews zu den Aussagen ihrer Tochter nicht Stellung.

Frau S.: Am liebsten möchte ich in die Billa, weil die nehmen auch Ungelernte.

Die Frage nach einer Ausbildung beantwortet Frau S. folgendermaßen:

Lernen mag ich nichts mehr. Das einzige, was mich interessieren täte, wäre ein Kurs, wo man lernt, wie man mit einer Scannerkassa umgeht. Weil dann könnte ich bei der Billa bei der Kassa auch arbeiten.

Exkurs: Gleiche Qualifikation - gleiche Chancen?

Eine Auswertung der Mikrozensusdaten 1991 ergab: Gleiche Ausbildung entspricht noch nicht gleicher beruflicher Qualifikation. Bei ausschließlichem Pflichtschulabschluß üben mehr Frauen in Arbeiter- und Angestelltenberufen nur Hilfstätigkeiten aus als Männer. Ebenso gravierend sind die Differenzen bei einem Lehrabschluß: Mehr als ein Drittel der Männer sind Facharbeiter, aber nur 14% der Frauen. Absolventinnen berufsbildender mittlerer Schulen sind als Angestellte in mittlerer Tätigkeit beschäftigt, hingegen haben doppelt so viele Männer wie Frauen eine höhere Position inne. Dasselbe gilt für Angestellte mit Matura bzw.

Hochschulabschluß. In höheren Positionen ist der Anteil der Männer wesentlich höher als der der Frauen.[77]

Bei gleicher Ausbildung erklimmen die Männer höhere Positionen (und bekommen damit auch mehr Gehalt) als Frauen. Wie groß die Benachteiligung trotz erstklassiger Qualifikation alleine aufgrund des Geschlechts sein kann, soll am Beispiel von Frau C. gezeigt werden.

Frau C. ist 39 Jahre alt, verheiratet und hat zwei Kinder. Sie hat in Ungarn Maschinenbau studiert, ihre Ausbildung wurde in Österreich nostrifiziert. Mittlerweile hat sie die österreichische Staatsbürgerschaft; sie spricht fließend und beinahe akzentfrei Deutsch. Ihr Mann hat die gleiche Ausbildung - sie haben gemeinsam studiert.

Frau C. geht mit ihrer Familie nach Österreich - ihr Mann findet keine Arbeit, das Geld ist knapp. Frau C. arbeitet als Putzfrau, wird aber entlassen als sich herausstellt, daß sie Akademikerin ist. *"Da wurde mir gesagt, was will eine Diplomingenieurin hier?"*

Sie sucht ein dreiviertel Jahr lang Arbeit, unter anderem bewirbt sie sich an der TU in Wien. Der Verdienst reicht allerdings nicht, um eine Wohnung in Wien zu finanzieren. Schließlich landet sie bei einer Firma in Oberösterreich. Ihr neuer Chef ist von ihr begeistert, vor allem als er ihre Gehaltsvorstellungen hört:

Frau C.: Ich habe gesagt, ich möchte 20.000,- brutto. Er war froh, das zu hören, denn er sagte: "Ja, das haben wir uns auch vorgestellt."

Im Zuge der Zusammenarbeit stellt sich jedoch heraus, daß ihr Chef eine kaufmännische Ausbildung hat, von technischen Zusammenhängen nicht

[77] *Gross/Wiedenhofer/Vötsch,* Die wirtschaftliche und soziale Rolle der Frau in Österreich (Bundesministerium für Arbeit und Soziales) (1994) 36.

viel versteht und seine Entscheidungen auf der Basis einer Kosten-Nutzen-Rechnung trifft. Frau C. hingegen ist verantwortlich für die technischen Details.

Frau C.: Er hatte keine technische Kompetenz, ließ aber doch technisch gefährliche Sachen durchführen. Ich kann so etwas nicht tun, wenn ich überzeugt bin, daß es nicht ungefährlich ist. (...) Weil ich mache mir leider sehr Sorgen um solche Sachen, auch um menschliche Sachen - da bekomme ich Magengeschwüre.

Weil sie sich weigerte, ihrer Ansicht nach gefährliche Konstruktionen durchzuführen, wird Frau C. schließlich gekündigt und sucht seither einen neuen Arbeitsplatz. Sie weist darauf hin, daß sie zu Beginn ihrer Arbeitssuche nicht gewußt hat, daß geschlechtsneutrale Stellenausschreibungen in Österreich gesetzlich verankert sind. Aus diesen Formulierungen hat sie die falschen Schlüsse gezogen. Heute testet sie potentielle Arbeitgeber anders ab:

Frau C.: Das ist eigentlich sehr interessant. Wenn ich angerufen habe, dann wurde mir gesagt, daß sie schon jemanden gefunden haben. Dann habe ich meinen Mann gebeten, daß er auch anruft, und da hat es dann geheißen: "Kommen Sie doch einmal bei uns vorbei."

Kurz vor dem Interviewtermin hat sich Frau C. selbständig gemacht und hofft nun, ihre Ausbildung doch noch verwerten zu können.

Frau C.: Wie ich noch studiert habe, da sind meine Freundinnen tanzen gegangen; ich habe nur gelernt und mir keine Freizeit gegönnt. Jetzt stehe ich ohne Arbeit da.

4.5. Das Arbeitsamt aus der Sicht der Betroffenen

"Vom Arbeitsamt erwarte ich mir nicht viel Hilfe."

Für manche Frauen bedeutete die Kündigung und der Verlust des Arbeitsplatzes wegen Betriebsschließung den ersten Kontakt zum Arbeitsamt. Frauen nehmen das Arbeitsamt seltener in Anspruch, deshalb ist es auch schwierig, genaue Daten über arbeitssuchende Frauen zu erstellen.[78] Viele Frauen bevorzugen informelle Informationsstrukturen, um einen Arbeitsplatz zu bekommen.

Bei der Kontaktaufnahme mit dem Arbeitsamt erlebten die Frauen - teilweise zum ersten Mal -, daß es keine ähnlichen Arbeitsplätze im Produktionsbereich für ungelernte Kräfte gibt. Deshalb sehen die Frauen auch das Arbeitsamt nicht als "Arbeitsvermittlungsstelle" an, sondern machten aus ihrer Verärgerung über die vermeintlich fehlende Hilfestellung kein Hehl.

Aber auch wenn es konkrete Angebote für Frauen gibt, ist die Information darüber für die Betroffenen nicht so einfach zu erhalten. Vor allem bei der Vermittlung von Informationen über die Frauenstiftung scheint es am Arbeitsamt Steyr Schwierigkeiten zu geben; dies erscheint umso erstaunlicher, als es dort eine Beauftragte gibt, die sich im Konkreten nur mit diesen Vermittlungen beschäftigt. Natürlich ist die Sichtweise der Betroffenen subjektiv, daß aber in den Interviews kaum eine der Befragten sich positiv über die BeraterInnen äußerte, gibt zu denken.

Um die interviewten Frauen in ihrer Anonymität nicht zu gefährden, werden die folgenden Zitate nicht bestimmten Personen zugeordnet, sondern sind eine Aufzählung dessen, was die Gesprächspartnerinnen zum Thema "Arbeitsamt" zu sagen hatten.

[78] *Talos/Wiederschwinger (Hg)*, Arbeitslosigkeit - Österreichs Vollbeschäftigungspolitik am Ende? (Österreichische Texte zur Gesellschaftskritik XXX) (1987).

Meine Schwägerin hat letztes Jahr, während ihrer Arbeitslosigkeit, hier einen Kurs gemacht und ist durch eine Freundin in die Stiftung gekommen. Ich bin seit dem Mutterschutz auf der Suche gewesen, welche Möglichkeiten der Fortbildung und Weiterbildung ich habe, die mir bezahlt werden. Vom Arbeitsamt war die Auskunft, daß ich jung und gesund bin, daß der Markt besteht, ich hätte keine Berechtigung zu einer Umschulung, weil es genug Frauen gibt, die nichts gelernt haben. (...) Ich habe dann meinem Berater am Arbeitsamt gesagt, daß ich die Schulung dann eben über die Frauenstiftung mache und er hat seinen Computer eingeschaltet, mir das Datum des nächsten Kurses gesagt - das war alles. Er hat mir nicht von selbst die Möglichkeit über die Frauenstiftung angeboten.

Über meinen Berater am Arbeitsamt habe ich mich geärgert, denn wenn man für Frauen extra eine Einrichtung hat und man sieht, daß jemand wirklich etwas anders machen möchte, dann kann man doch darauf hinweisen.

Vom Arbeitsamt erwarte ich mir nicht viel Hilfe.

Die Arbeiten, die mir zugewiesen wurden, waren nicht akzeptabel.

Die Angebote waren Gastgewerbe und solche Sachen. Das letzte Angebot war bei einer Tankstelle Auto waschen um 60,- Schilling.

Vom Arbeitsamt wurde mir nur ein Job bei der "Drehscheibe Kind" angeboten, d.h. wenn Mütter keinen Pflegeurlaub mehr bekommen, dann springt man ein, usw. Diese Stelle bedeutet aber wenig Einkommen und unmögliche Arbeitszeiten.

4.6. Der Putzjob

"Einmal eine Putzfrau - immer eine Putzfrau."

Das Ende des beruflichen "Werdeganges" von Frauen, die aufgrund der unterschiedlichsten Hindernisse keinen anderen Arbeitsplatz finden, scheint die Tätigkeit als Putzfrau zu sein.

Dieser Beruf ist besonders illustrativ - anders als bei den industriell organisierten Putzkolonnen, wo auch Männer tätig sind, ist die Aufgabe der individuellen Betreuung von Haushalten und Bürogebäuden Frauen vorbehalten; es gibt keine Putzmänner oder Aufräumer.

"Diese Form der Tätigkeit ist natürlich eine direkte Verlängerung des Tätigkeitsbereichs der Hausfrau. Es ist charakteristisch für Frauenarbeit, daß die einzelne Frau im allgemeinen nur zwischen der Tretmühle der industriellen Massenfertigung einerseits, dienenden und helfenden Tätigkeiten andererseits - Putzfrau, Kindergärtnerin, Köchin etc. -, die direkt dem weiblichen Rollenklischee verhaftet sind, wählen kann."[79]

Die Arbeit als "Putzfrau" rangiert in der beruflichen Hierarchie am unteren Ende. Den "Dreck der anderen" wegzuputzen hat auch symbolischen Charakter: es signalisiert - wie auch bei der Hausarbeit - Unterordnung.

In dieser Branche sind ungesicherte Arbeitsverhältnisse besonders weit verbreitet. Eine Vielzahl von Betrieben beschäftigt kein Reinigungspersonal sondern vergibt dies an externe Anbieter. Die ArbeitnehmerInnen dieser Reinigungsfirmen rekrutieren sich zum Großteil aus ausländischen ArbeitnehmerInnen und ungelernten Frauen.[80]

---

[79] *Zilian/Fleck,* Kosten (1990) 145.

[80] *Gutmann/Burgstaller/Pluntz,* Arbeitskräfte in Reinigungsberufen. "Fleißige Lieschen" am Rande der Arbeitsgesellschaft (Institut für Alltagskultur Salzburg, Report im Auftrag der Kammer für Arbeiter und Angestellte für Salzburg) (1986).

Ein Arbeitsplatz als Reinigungskraft ist sehr oft auch die einzige Arbeitsstelle, die die Berater der Arbeitsämter ungelernten arbeitslosen Frauen anbieten können. Die Frauen reagieren darauf unterschiedlich: So war zum Beispiel in Steyr die Empörung über derartige Angebote seitens des Arbeitsamtes groß, in Braunau hingegen waren manche Frauen bereit, für einen "Putzplatz" bis Salzburg (!) zu pendeln.

Auch innerhalb der "Putzjobs" gibt es hierarchische Strukturen - als attraktiv gilt ein Arbeitsplatz, der in geschützten Sektoren vergeben wird, d.h. bei der Post, bei der Gemeinde, in einer Bank etc. Um eine solche Stelle bewerben sich in Krisenregionen über sechzig Frauen, darunter auch etliche mit sehr guten Qualifikationen. Am unteren Ende der Hierarchie rangieren jene Stellen, bei der die Arbeit nicht nur als "schmutzig" sondern auch als "ekelhaft" eingestuft wird, z.B. das Putzen im Schlachthof.

Für viele Frauen, die am Arbeitsmarkt nicht unterkommen, ist der Putzplatz die letzte Möglichkeit, Geld zu verdienen. Trotzdem wird er von den Frauen als "Endstation" empfunden, vor allem wenn sie eine abgeschlossene Ausbildung vorzuweisen haben.

Frau K. - ihre Kurzbiographie wurde bereits weiter oben angeführt - sieht sich aufgrund ihrer finanziellen Situation gezwungen, einen Putzjob anzunehmen. Der Vater ihres Kindes zahlt keine Alimente, die Transferzahlungen reichen nicht, um das Leben zu finanzieren. Sie geht abends putzen, während ihre kleine Tochter zu Hause alleine schläft. Frau K. hat eine abgeschlossene Ausbildung als Einzelhandelskauffrau und vor ihrer Schwangerschaft als Filialleiterin gearbeitet.

Frau K.: Dann bin ich eben putzen gegangen, was hätte ich sonst tun sollen? Aber das ist eine Schiene, von der du nie wieder runterkommst. Da bist du abgestempelt. Einmal eine Putzfrau - immer eine Putzfrau.

BIOGRAPHIEN

1. Methodische Anmerkungen

Wie bereits in der Einleitung angeführt, wurden zwischen März und September 1995 im Auftrag der oberösterreichischen Arbeiterkammer Erhebungen durchgeführt, welche vor allem das Ziel hatten, von Arbeitslosigkeit bedrohte bzw. davon bereits betroffene Frauen selbst zu Wort kommen zu lassen. Wichtig war, die persönlichen Schicksale zu hinterfragen, die Schwierigkeiten bei der Eingliederung in den Arbeitsprozeß und welche Lösungskonzeptionen die Frauen selbst vorschlagen würden. Insgesamt wurden 43 Frauen interviewt.

1.1. Das Interview

Nach der Durchführung von drei Expertinneninterviews wurde im Vorfeld der Erhebung ein Interviewleitfaden erstellt, der neben Fragen nach demographischen Daten auch Fragen zur familiären und schulischen Sozialisation, der beruflichen Entwicklung und dem subjektiven Erleben des individuellen Umfeldes enthielt. Besonderes Augenmerk wurde auf die Erfahrungen gelegt, die Frauen bei ihrer Berufswahl und bei der Arbeitssuche gemacht hatten.

Das Interview mittels Leitfaden erlaubt, daß die Befragten ihre Erfahrungen und Einsichten frei formulieren können; ebenso ist ein klärendes Nachfragen möglich, um Gesichtspunkte aufgreifen zu können, die von den Befragten unabhängig von der Fragestellung in das Gespräch eingebracht werden.[81]

[81] *Hopf*, Qualitative Interviews in der Sozialfoschung - Ein Überblick, in *Flick u.a. (Hg)*, Handbuch Qualitative Sozialforschung (1991) 177.

Qualitative Interviews erlauben eine differenziertere und tiefergehende Untersuchung von individuellen Lebenszusammenhängen, deshalb wurde diese Untersuchungsmethode gewählt. "Gerade durch die Offenheit der Verfahren (...) geraten die für den Betroffenen relevanten und notwendigen Elemente aus dessen Sicht und in dessen Ausführungen ins Blickfeld; nicht erfaßte Aspekte gehören eben nicht zum Bild des Betroffenen."[82] Eben jene subjektive Sichtweise der Interviewpartnerinnen stand bei der durchgeführten Untersuchung im Mittelpunkt.

1.2. Der Interviewleitfaden

Anhand der Berichte der Expertinnen und der Auswertung des statistischen Materials wurde der Interviewleitfaden erstellt, welcher folgende Fragen beinhaltete

- "das persönliche Erleben der Situation der Kündigung
- die Konsequenzen, die sich beruflich und privat aus der Kündigung ergaben
- das Klima am Arbeitsplatz jener Frauen, die zwar zum Zeitpunkt des Interviews berufstätig waren, jedoch in Betrieben arbeiteten, die Frauenarbeitsplätze abbauten
- die Situation der Arbeitssuche und die damit verbundenen Schwierigkeiten (mangelnde Qualifikation, fehlende Kinderbetreuungseinrichtungen, Mobilität)
- die Vorurteile, mit denen Frauen bei der Arbeitssuche konfrontiert werden (z.B. Alter)
- das Interesse an Aus- und Weiterbildung
- die Erfahrungen, die bei dem Kontakt zu Institutionen gemacht wurden (Arbeitsamt, Beratungsstellen)

82 *Lamnek*, Qualitative Sozialforschung Methodologie I^2 (1993) 238.

- welche Maßnahmen die Situation der arbeitssuchenden Frauen erleichtern würden (persönliche Einschätzungen, Vorschläge, Wünsche)
- was sich die betroffenen Frauen von der Arbeiterkammer erwarten
- biographische Daten
- das Recht auf Arbeit."[83]

1.3. Die Auswahl der Bezirke

Die Auswahl der Bezirke Braunau, Steyr und Vöcklabruck wurde von den Auftraggebern vorgenommen. Ausschlaggebend für die Wahl waren die Schließungen bzw. Verlagerungen mehrerer großer Produktionsbetriebe, welche vor allem Frauen beschäftigten.

Braunau und Steyr gelten als "Krisenregionen" in Oberösterreich, der Anteil der arbeitslosen Frauen dort ist im Bereich "Produktion" am höchsten. Vöcklabruck hingegen hat eine vergleichsweise niedrige Arbeitslosenrate; Ergebnisse aus diesem Bezirk sollten aufzeigen, ob die Probleme arbeitsloser Frauen aus Regionen mit stabilen Wirtschaftsstrukturen ähnlich sind jener Schwierigkeiten, mit denen Frauen aus Krisenregionen zu kämpfen haben.

1.4. Die Auswahl der Interviewpartnerinnen

Die Kontakte zu betroffenen Frauen vermittelten in Steyr und Braunau die (ehemaligen) Betriebsrätinnen jener Produktionsfirmen, welche ihren Standort in Österreich bereits stillgelegt hatten bzw. deren Betriebe zum

[83] *Kammer für Arbeiter und Angestellte Oberösterreich (Hg)*, "Ich wünsche mir nur wieder Arbeit". Zur Situation arbeitsloser Frauen in den Bezirken Braunau, Steyr und Vöcklabruck, WISO 35 (1995) 19 f.

Zeitpunkt des Interviews eine Schließung vorbereiteten. In noch bestehenden Firmen wurden die Frauen von den Betriebsrätinnen persönlich angesprochen und mit dem Hinweis auf die Erhebung um Mitarbeit gebeten. Jene Frauen, die ihren Arbeitsplatz bereits verloren hatten, wurden im Namen der Betriebsrätin und der Interviewerinnen schriftlich kontaktiert und um ein Interview gebeten. Dem Schreiben war eine Rückantwortkarte beigelegt, mit der die Frauen ihr Einverständnis zu einem Interviewtermin, sowie Telefonnummer und Terminwünsche mitteilen konnten.

Wiewohl ca. 200 Frauen in Steyr und ca. 120 in Braunau schriftlich kontaktiert wurden, war die Bereitschaft zu einem Interview sehr gering. In Steyr waren 13 Frauen zu einem Gespräch bereit, in Braunau fünf. Mit Hilfe der persönlichen Kontaktaufnahme der Betriebsrätinnen, der MitarbeiterInnen der Arbeiterkammern in Steyr und Braunau und der Unterstützung der Mitarbeiterinnen der Frauenstiftung Steyr war es jedoch möglich, weitere Gesprächstermine zu vereinbaren. Insgesamt wurden 19 Frauen aus der Region Steyr und zwölf aus dem Großraum Braunau interviewt.

In Vöcklabruck erklärte sich die Leiterin des Arbeitsmarktservice nach einer Vorinformation durch eine Mitarbeiterin der Arbeiterkammer bereit, die schriftliche Kontaktaufnahme mit betroffenen Frauen zu organisieren. Die Briefe wurden vom Arbeitsamt (in inhaltlich leicht veränderter Form) verfaßt und versendet; diesen Schreiben waren ebenfalls die Rückantwortkarten beigelegt. Nach Auskunft eines Mitarbeiters des AMS wurden ca. 200 Frauen kontaktiert, 15 haben mittels Einsendung der Antwortkarte ihre Bereitschaft zu einem Gespräch bekundet. Bei den telefonischen Erstkontakten stellte sich jedoch heraus, daß einige Frauen, die die deutsche Sprache nicht so gut beherrschten, dachten, das Gespräch sei für sie verpflichtend, um einen Arbeitsplatz zu bekommen. Nach einer Erklärung über die Absichten des Interviews sagten sieben Frauen den Termin ab. Mit Hilfe der Kontakte einer Betriebsrätin war es auch hier möglich, weitere vier Frauen zu einem Gespräch zu bewegen. Insgesamt wurden in Vöcklabruck zwölf Frauen befragt.

1.5. Biographische Daten der Interviewten

Befragt wurden insgesamt 43 Frauen.
"Die jüngste der interviewten Frauen war 18 Jahre alt, die älteste 54. Das Durchschnittsalter betrug 45,8 Jahre. 12 Frauen waren ledig (sechs von ihnen lebten in Lebensgemeinschaft), 25 verheiratet, vier geschieden und zwei Frauen waren verwitwet.

17 Frauen hatten Kinder im versorgungspflichtigen Alter; neun Frauen hatten Kinder, die zwar nicht mehr zu beaufsichtigen aber finanziell abhängig waren; eine Frau hatte pflegebedürftige Angehörige zu betreuen; zwei Frauen hatten Betreuungspflichten für Kinder und pflegebedürftige Familienmitglieder.

24 Frauen waren zum Zeitpunkt des Interviews in einer Ausbildungs- bzw. Umschulungsmaßnahme, zwei Frauen waren in Karenz, fünf Frauen berufstätig, eine Frau hatte ein Beschäftigungsverhältnis als "geringfügig Beschäftigte" ("Ultimativkraft", Beschäftigungsausmaß 39%).

18 Frauen haben eine abgeschlossene Lehrausbildung, eine Frau hatte Matura, eine Frau ein abgeschlossenes Studium."[84]

Bezüglich ihrer ethnischen Herkunft ist zu sagen, daß eine Frau aus Ex-Jugoslawien stammte, eine aus Ungarn, eine aus Polen und eine Frau aus der Türkei. Zwei von ihnen haben die österreichische Staatsbürgerschaft vor kurzem erworben.

[84] *Kammer für Arbeiter und Angestellte Oberösterreich (Hg)*, Arbeit (1995) 20 f.

1.6. Der Ablauf des Interviews

Die Interviews fanden entweder in den Wohnungen der Frauen oder in Seminarräumen der Arbeiterkammer statt. Einzig ein Gruppeninterview wurde mangels besserer Gelegenheit im Nebenraum eines Gasthauses durchgeführt. Die Gespräche dauerten zwischen eineinhalb und drei Stunden. Den Frauen wurde absolute Anonymität zugesichert.

Die meisten Frauen waren bei dem Interview allein, nur in wenigen Fällen waren einzelne Familienmitglieder anwesend. Nur in einem (bereits oben) erwähnten Fall wurde ein Gruppeninterview durchgeführt und zwei ehemalige Arbeitskolleginnen, die auch privat sehr eng befreundet sind, kamen gemeinsam zum vereinbarten Termin.

Die Interviews wurden bis auf drei Ausnahmen mit dem Einverständnis der Befragten auf Tonbandcassetten mitgeschnitten und später von MitarbeiterInnen der Arbeiterkammer Linz transkribiert. Zusätzlich wurden alle Gespräche protokolliert. Bei drei Interviews waren Bandaufzeichnungen aufgrund eines technischen Defekts nicht möglich; in diesen Fällen wurden Protokolle angefertigt. Um die Zitate lesbarer zu machen, wurden sie in Schriftdeutsch übertragen, Satzstellung und mundartliche Ausdrücke jedoch beibehalten.

1.7. Die Situation des Interviews

Bei einigen Frauen kamen während des Interviews Emotionen hoch - Tränen, Wut, Ärger manchmal auch Verzweiflung angesichts des Bewußtwerdens der eigenen Situation wurden gezeigt. Sich als Interviewerin diesen Emotionen zu entziehen und die Befragte nur als "Objekt" wissenschaftlicher Forschung zu sehen, ist nicht möglich, aber ohnehin kein Postulat engagierter Frauenforschung. "Das Postulat der Wertfreiheit, der Neutralität und Indifferenz gegenüber den Forschungsobjekten

- bisher wichtigster Maßstab für Objektivität - wird ersetzt durch bewußte Parteilichkeit."[85]

Jede der befragten Frauen hatte einen ganz persönlichen Hintergrund; Sozialisation in der Familie, Ausbildung, Berufs- und Lebenswege verliefen individuell, und doch haben sie etwas gemeinsam: die Probleme, die sich durch die spezifische weibliche Disposition ergeben - zum Beispiel die Alleinverantwortlichkeit für Kindererziehung und Haushalt, Diskriminierungen bei der Arbeitssuche und andere mehr.

Als Interviewerin steht man vor der Aufgabe, sich selbst und seine eigenen Erfahrungen vor dem Hintergrund der gewonnenen Biographien zu reflektieren. Postulate der Frauenforschung fordern in diesem Kontext *"subjektive Betroffenheit"* und *"Parteinahme"* auszulösen.[86]

Beide Forderungen werden heute vorsichtiger interpretiert[87] und doch: "Ich werde in irgendeiner Form von dem, was ich forsche, betroffen: Die Fragestellung mag bewußt oder unbewußt von meiner Biographie mitbestimmt sein, oder sie spricht lebensgeschichtliche Erfahrungen und Entscheidungen (...) an: Meine Gefühle und Wertungen werden aktiviert durch die Art, wie die untersuchten Frauen mit ihrem Frauen-Leben umgehen."[88]

---

[85] *Mies,* Methodische Postulate zur Frauenforschung, in *Sozialwissenschaftliche Forschung & Praxis für Frauen (Hg)*, Beiträge zur feministischen Theorie und Praxis, Frauenforschung oder feministische Forschung? 11 (1984) 12.

[86] *Mies,* Postulate (1984); *Göttner-Abendroth* , Zur Methodologie von Frauenforschung am Beispiel Biographie, in *Sozialwissenschaftliche Forschung & Praxis für Frauen e.V. (Hg)*, Beiträge zur feministischen Theorie und Praxis, Frauenforschung oder feministische Forschung? 11 (1984).

[87] *Becker-Schmidt/Bilden,* Impulse für die qualitative Sozialforschung aus der Frauenforschung, in *Flick u.a. (Hg)*, Handbuch Qualitative Sozialforschung (1991).

[88] *Becker-Schmidt/Bilden,* Impulse (1991) 27.

2. Biographien

2.1. Auswahl der Biographien

"Weibliche Lebenszusammenhänge sind *komplex*, weibliche Lebensläufe diskontinuierlich - beides läßt sich nur einfangen, wenn bei der Interpretation von Alltagssituationen oder Alltagshandlungen deren Kontextualisierung gelingt."[89]

Stellvertretend für alle Befragten soll anhand dreier vollständiger Biographien aufgezeigt werden, welche gesellschaftlichen und sozialen Strukturen die Frauen beeinflussen, wenn sie sich am Arbeitsmarkt behaupten müssen.[90]

"Das Bedrückendste an weiblichen Lebensgeschichten ist gar nicht, daß es so lange braucht, bis den Frauen irgendwelche Einsichten kommen, bis sie wissen, was sie wollen, bis sie 'Bewußtsein' erzielen. Das Bedrückendste ist, daß sie es meist schon von Anfang genau wissen und sich trotzdem immer wieder davon abbringen lassen. Und daß sie dadurch meist weder das eine noch das andere erreichen: weder das bekommen, was sie selber wollten, noch das, wovon die anderen glaubten, daß es für sie gut wäre."[91]
Aufgezeigt werden die Lebenswege und Berufsbiographien von drei Frauen:

Rosa ist Anfang fünfzig; sie wächst in ärmlichen Verhältnissen auf, nach der Scheidung muß sie ihre Kinder allein und ohne finanzielle Unterstützung durchbringen. Rosa steht als Beispiel dafür, welch unglaubliche

[89] *Becker-Schmidt/Bilden,* Impulse (1991) 23.
[90] *Fischer-Rosenthal,* Biographische Methoden in der Soziologie, in *Flick u.a. (Hg),* Handbuch Qualitative Sozialforschung (1991).
[91] *Benard/Schlaffer,* Rückwärts (1989) 11.

Leistungen und Opfer manche Frauen für ihre Familie erbringen, ohne die eigenen Wünsche jemals zu überdenken oder zu artikulieren.

Karin ist Mitte dreißig; ihr Ausbildungswunsch wird von ihrer Familie vereitelt, nach Jahren der Tätigkeit als Putzfrau und Hilfsarbeiterin versucht sie, eine Ausbildung nachzuholen, scheitert jedoch dabei. Karin steht exemplarisch für jene Frauen, die ihre eigenen Berufswünsche in der Jugend zugunsten der Familie unterdrücken mußten und die als Erwachsene unter dem geringen gesellschaftlichen Prestige ihrer Arbeit leiden; denen jedoch trotz persönlichen Engagements der berufliche Umstieg versagt bleibt.

Maria ist 18; sie hat konkrete Berufswünsche, findet jedoch keinen entsprechenden Ausbildungsplatz. Anhand ihrer Biographie soll gezeigt werden, mit welchen Bedingungen junge Frauen bei ihrem Eintritt ins Erwerbsleben konfrontiert werden und die daraus resultierenden individuellen Konsequenzen.

Die Frauen, die hier gegenübergestellt werden, sind unterschiedlichen Alters, sie unterscheiden sich in Sozialisation, Lebenserfahrung und Lebenschancen, aber sie haben doch Gemeinsamkeiten: Sie müssen sich auf einem immer enger werdenden Arbeitsmarkt behaupten und sehen sich dabei mit Hindernissen und Schwierigkeiten konfrontiert, die sich aus ihrer Geschlechtszugehörigkeit ableiten.

Um die Anonymität der Frauen zu wahren, wurden Namen und Orte verändert.

2.2. These

Ausgehend von der These, daß bei Frauen trotz großer Unterschiede in Herkunft, Lebenserfahrung, Bildung und Sozialisation gesellschaftlich tradierte Normen ähnliche biographische "Schnittstellen" hervorrufen können, sollen die widersprüchlichen Strukturzusammenhänge aufgezeigt werden, die sich für Frauen aufgrund ihrer "weiblichen" Disposition ergeben:

Der Verzicht auf die Befriedigung der eigenen Wünsche und Bedürfnisse, um die der männlichen Familienmitglieder vorrangig zu erfüllen; die Hindernisse und Schwierigkeiten, mit denen Frauen zu kämpfen haben; Probleme, die teilweise gesellschaftlicher Natur sind und die sich in der Form für Männer gar nicht erst stellen.

Fallstudie 1: Rosa

Rosa ist heute 54 Jahre alt und lebt in A. im Innviertel. Geboren wurde sie 1940 im Gebiet des Kobernaußerwalds. Ihr Vater ist im Krieg gefallen, die Mutter mußte die Kinder alleine durchbringen.

Ich bin im Kobernaußerwald aufgewachsen, wo es auch keine Möglichkeit gegeben hat zum Arbeiten für meine Mutter. Dort haben wir eine Wohnung gehabt. Ich bin bei den Bauern gewesen. Mit 13 Jahren bin ich schon zu den Bauern gekommen. Dort hab ich Kühe gehütet und dafür hab ich am Abend eine Jause gekriegt. Damit war meiner Mutter auch geholfen, weil ihre Witwenpension war auch nicht viel. Ich bin ganz arm aufgewachsen.

Nach Beendigung der Schulzeit, mit 14 Jahren, tritt Rosa in den Dienst des Bauern und wird von ihm auch zur Sozialversicherung angemeldet. Daß Rosa von ihrem Arbeitgeber angemeldet wurde, ist bemerkenswert, wurden (und werden) doch gerade die Tätigkeiten von Frauen in der Landwirtschaft zumeist nur "schwarz" bezahlt.

Bis zu ihrem 26. Lebensjahr arbeitet Rosa in der Landwirtschaft. Dann heiratet sie, bleibt zu Hause und bekommt in kurzen Abständen drei Kinder. Ihren bis dahin erworbenen Pensionsanspruch läßt sie sich auszahlen.

Die elf Jahr hab ich mir auszahlen lassen. Blöd, aber das war damals so; wir haben's Geld gebraucht, wir haben Haus gebaut. Dann hab ich die drei Kinder gehabt.

Rosas Ehe ist nicht sehr glücklich; ihr Mann ist Alkoholiker.

Dann hab ich die Scheidung gehabt, weil mein Mann Alkoholiker war und immer mehr gsoffn hat und dann bin ich dagestanden mit drei Kindern. Denk ich mir, was tust jetzt? Nur arbeiten, arbeiten, arbeiten, daß du das Haus erhalten kannst und die Kinder. Dann bin ich putzen gegangen und bei einer Versicherung war ich auch 20 Jahre. Da war ich überall angemeldet.

Rosa hat den Mut zur Scheidung, obwohl zu dieser Zeit der Status der "Geschiedenen" noch nicht so gesellschaftlich akzeptiert war wie heute. Sie muß für sich und ihre drei Kinder alleine sorgen und zudem noch die Schulden für das Haus abtragen.
Doch sie läßt sich nicht unterkriegen. Berufliche Qualifikationen hat sie keine vorzuweisen, also nimmt sie einen Putzjob an. Da sie niemanden hat, der auf ihre Kinder aufpassen würde, werden diese schon sehr früh zur Selbständigkeit erzogen.

Ich hab niemanden zum Aufpassen gehabt. Da hat jedes einen Schlüssel gekriegt; dann hab ich ihnen einen Zettel geschrieben, daß sie sich das Essen aufwärmen sollen, daß sie aufpassen sollen, daß sie die E-Herdplatten wieder ausschalten, damit nichts passiert und sie sollen noch Aufgaben machen - alle Tage habe ich ihnen so einen Zettel geschrieben und das hat funktioniert. Auch das Aufgabenmachen hat funktioniert. Wie's oft heißt - Schlüsselkinder, die sind nichts, aus denen wird nichts - aus meinen Kindern ist aus allen drei etwas geworden.

Die Disziplin der Kinder ist erstaunlich, auch für Rosa selbst. Und sie ist - mit Recht - sehr stolz auf ihre "Buben". Die finanziellen Belastungen, die sich durch die Schulbildung der Kinder und durch das Haus ergeben, lassen sich aber mit dem Putzjob alleine noch nicht abdecken. Rosa nimmt zusätzlich noch einen "schwarzen" Nebenjob an - sie schenkt in einem Wirtshaus aus. Die Unterhaltszahlungen des Vaters der Kinder sind sehr gering, da er immer wegen seiner Alkoholprobleme den Arbeitsplatz verliert und für längere Zeit arbeitslos ist.

Ich weiß noch, wie einer nach Wien gefahren ist und der andere auf Schikurs. Da sind 10.000,- Schilling weg gewesen, daß du nur schaust. Das kostet viel Geld. Und nein wollt ich auch zu keinem sagen, weil ich mir gedacht hab, warum solln grad sie nicht mitfahrn. Sonst sagen die anderen dann zu den Kindern, weil die Kinder sind eh schon so, gell, du kannst dir das nicht leisten, deine Mutter hat kein Geld. Deshalb bin ich einschenken gegangen bei Bällen bis vier, fünf in der Früh. Nur so hab ich uns durchgebracht.

Frauen leisten oft Unglaubliches, wenn es darum geht, die eigene Existenz und vor allem auch die der Kinder zu erhalten und abzusichern. Aus Rosas Erzählungen ergeben sich Arbeitsstunden, die weit über das "Normalausmaß" hinausgehen - von den gesetzlichen Rahmenbedingungen ganz zu schweigen. Zu den Arbeiten außer Haus sind auch noch die Stunden mitzurechnen, die sich durch die Betreuung eines vierköpfigen Haushalts ergeben!

Trotz aller Anstrengungen, die Rosa unternimmt, reicht das Geld gerade zum Überleben. Daß die Unterhaltszahlungen des Vaters trotz der hohen Kosten für die Kinder so niedrig sind und schließlich ganz eingestellt werden, noch bevor der jüngste Sohn seine Lehre beendet hat, erbost Rosa sehr.

Der Heinzi (der jüngste Sohn, Anm.), der hat Metzger gelernt. Er hat zwei Jahre gelernt, dann hat mein Ex-Mann zu arbeiten aufghört. Auf einmal krieg ich ein Schreiben von M. (Sitz der zuständigen Behörde, Anm.), daß ich kommen muß. Bei der Scheidung ist das niedergeschrieben worden, daß er (der Ex-Gatte, Anm.) bis die Kinder ausgelernt sind, zahlen muß. Auf einmal hört der Mann mit der Arbeit auf. Der Bub hat Metzger gelernt, war 16 Jahre alt; da haben die das Urlaubsgeld und Weihnachtsgeld zu seinem Lohn dazugerechnet, damit war er dann alleinerhaltungspflichtig. Ich sag immer, im österreichischen Staat sind die Gesetze nichts wert. Und er (der Ex-Ehemann, Anm.) hat nichts mehr bezahlen müssen - jetzt sagen Sie mir, ob das gerecht ist. Ich bin dann noch zur Jugendfürsorge, aber die haben mir auch nimmer helfen können. Viel zahlt hat er eh nie, und dann hab ich gar nichts mehr gekriegt.

Im November 1979 findet Rosa schließlich einen Arbeitsplatz in der Küche in der Firma T. Dort gefällt es ihr: das Betriebsklima ist sehr gut, Rosa ist die "gute Seele" in der Kantine.

Wenn du einmal 13 Jahre wo bist und alles rennt bei dir zusammen; ich bin doch dort in der Kantine gewesen. Wenn wer krank geworden ist, ist er gekommen und hat gesagt 'Geh weiter, Rosi, mach mir einen Kamillentee oder hast nicht eine Kopfwehtablette für mich. Dann sind die Buben (die jüngeren Arbeitskollegen, Anm.) in der Früh wieder ein bißchen angeheitert gekommen, Sie wissen eh wie's hergeht - 'Rosi, hast net eine Rindsuppe für uns?' Und da hab ich immer Leberknödel eingefroren ghabt und dann hab ich sie wieder aufbaut. Ja, es ist einfach eine große Familie gewesen und das hat alles gepaßt. Wir haben alle zusammengehalten - die Meister haben genauso zu uns gehalten.

Rosa fühlt sich wohl an ihrem Arbeitsplatz, ihre jüngeren Kollegen bezeichnet sie als "meine Buben", das Umfeld als "große Familie". Bezeichnend für ihr hohes Engagement ist auch der Umstand, daß sie gar nicht gerne auf Urlaub geht.

Wenn ich einen Tag auf Urlaub gegangen bin, dann sind mir schon die Leute abgegangen. Wenn wir drei Wochen zugesperrt gehabt haben, dann habe ich die letzte Woche schon von den Leuten geträumt. 13 Jahre war ich nie im Krankenstand, nie, damit es ja nichts gibt, damit ich ja drinnen bleiben kann.

Die Region, in der Rosa jetzt lebt, gilt in Oberösterreich als "Krisenregion". Um Firmen die Ansiedlung von Betrieben und damit die Schaffung von Arbeitsplätzen schmackhaft zu machen, erhalten sie zumeist Förderungen. Auch die Firma T. erhält Förderungen, die Höhe war nicht zu eruieren. Allerdings war als Gerücht mehrmals ein zweistelliger Millionenbetrag zu hören. Die Firma T. fertigte Elektronikbauteile für die Autoindustrie und beschäftigte in der Produktion fast ausschließlich Frauen. Trotz der hohen Förderungen beschließt die Firma, die Produktion nach Südostasien auszulagern und das Werk in B. zu schließen.

Die Belegschaft bleibt lange Zeit im Ungewissen, erst bei einer Betriebsversammlung im Dezember 1993 sprechen Vertreter der Unternehmensleitung im Klartext. Die Arbeiter und Arbeiterinnen sind entsetzt über die Kaltschnäuzigkeit, mit der ihnen der bevorstehenden Betriebsstillegung mitgeteilt wird. Bei dieser Betriebsversammlung kommt es zu turbulenten Szenen - die ArbeitnehmerInnen sind aufgebracht, die Vertreter des deutschen Mutterkonzerns bleiben unerbittlich.

13 Jahre war ich drinnen und dann kriegst das serviert, daß zugesperrt wird. Und dann fragt uns da dieser Manager (ein Vertreter des deutschen Mutterkonzerns, Anm.), was wir denn denken, was die da drunten verdienen. Und was wir für Autos fahren würden und wohin wir nicht überall auf Urlaub fahren würden. Das hat uns der alles vorgehalten. Die da drunten (in Südostasien, Anm.), hat er gesagt, die arbeiten in der Stunde um fünfzig Pfennig und haben kein Urlaubsgeld und kein Weihnachtsgeld und verlangen für die Überstunden nichts. Wenn die am Samstag reingehen in die Firma, dann kriegen sie genauso nur fünfzig Pfennig.

Aber das kann er doch mit uns heroben nicht vergleichen! Wo bei uns doch alles so teuer ist, wo wir doch schon viel zahlen müssen alleine für die Umwelt. Die da unten ersticken eh einmal im Dreck - das sind lauter Tatsachen.

Das hat er uns allen so gesagt - so wie wir dort alle bei der Versammlung waren, hat er uns das brühwarm gesagt. Der hat sich abgeschüttelt wie ein nasser Hund, dem ist das gar nicht zu Herzen gegangen. Da haben sich so viele zu Wort gemeldet und haben gesagt 'Das könnt ihr nicht tun' und 'Gebt uns noch eine Chance' - nichts. Der hat das gesagt und aus - Amen - fertig.

Dann haben unsere Leute den Manager gefragt, was denn er eigentlich verdient. 'So an die hunderttausend Mark - man kann leben' hat er gesagt. Und uns hat er vorgehalten, was wir für ein Auto fahren und wo wir hinfahren auf Urlaub - sowas ist die größte Frechheit.

Auch Schuldzuweisungen bleiben nicht aus. Rosa kann, wie auch viele andere Menschen in dieser Region, nicht verstehen, daß ein Betrieb trotz ursprünglicher Förderungen seine Produktion einfach einstellt. Sie vertritt den Standpunkt, daß die Firmen die Maschinen vorerst mit Steuergeldern finanzieren, dann ins Ausland abwandern und dort die Produktion mit "unseren" Maschinen fortsetzen.

Da haben die Politiker die Schuld. Das ist so. Weil die Maschinen, die haben x-Millionen Schilling gekostet. Die sind von unserem Steuergeld bezahlt worden, und dann dürfen die so ohne weiteres da runter. Da gehört so ein Zoll raufgeschlagen, daß es ihnen vergeht. So denk ich mir das, denn das sind unsere Steuergelder.

Aber nicht nur Politiker und Unternehmer werden als Verantwortliche für die Betriebsverlagerung angesehen. Auch an den ArbeitnehmerInnen im Ausland wird kein gutes Haar gelassen. Hartnäckig hält sich die Überzeugung, daß die ArbeiterInnen im Ausland ihre Arbeit nicht mit der gleichen Sorgfalt und Qualität erledigen würden. Ein Vorurteil, daß auch bei anderen Interviews immer wieder zur Sprache kam - auch Rosa sieht die Situation so.

Ich habe mit dem Chef geredet, der hat gesagt, daß die da unten so viel Blödsinn machen. Ich hab dann gefragt, warum das dann nach unten verlegt wird. Er hat gesagt, daß wenn auch 80 % Ausfall da wäre, wäre durch die niederen Lohnkosten noch immer ein Gewinn zu machen. Die verdienen ja nur fünfzig Pfennig in der Stunde. Von uns sind welche runtergefahren einschulen, da haben wir gefragt, wie es da unten ausschaut. Die haben einen Kobel mit einem Kocher mit zwei Platten und drei Kaffeehäferl. Die kochen ja nicht. Die haben auch kein Geschirr. Im Dreck ersticken sie auch.

Der Betrieb in B. wird geschlossen, alle ArbeitnehmerInnen verlieren ihre Arbeit. Rosa trifft die Schließung besonders hart - nicht nur aus finanziellen Gründen. Die Firma ist im Laufe der Jahre ihr zweites Zuhause geworden; sie ist verzweifelt über den Verlust der sozialen Kontakte und reagiert dementsprechend.

Wie ich das erfahren habe, habe ich tagelang nur geweint. Meine Söhne haben schon geschimpft mit mir und gesagt "Mama, wir kommen nicht mehr heim, wenn du nicht aufhörst", aber ich hab nicht anders können. Ich war total verzweifelt. 13 Jahre war ich jetzt drüben, das war mein zweites Zuhause. Ich bin jetzt 53 Jahre, ich habe geglaubt, daß ich bis zur Pension dort bleibe.

Auch im weiteren Verlauf des Interviews, als Rosa von ihrem neuen Arbeitsplatz erzählt, verwendet sie für die Firma T. die Bezeichnungen "bei uns" und "wir" - ein Zeichen dafür, daß sie sich noch immer als Bestandteil eines Gefüges sieht, das in dieser Form nicht mehr existiert.

Rosa beschließt nach der Betriebsversammlung, nicht sofort nach einer neuen Arbeit zu suchen, sondern vorerst einmal Arbeitslosengeld zu beziehen und nebenbei weiterhin in dem Gasthaus "schwarz" zu arbeiten, in dem sie bisher schon immer ausgeholfen hat. Sie vertraut darauf, leicht wieder Arbeit zu finden.

Ich habe mir schon gedacht, daß ich irgendwo was finden würde. Ich war auch die Zeit nicht glücklich, in der ich zu Hause war. Ich will beschäftigt sein. Ich hatte das Zeitgefühl schon total verloren. Man bekommt das Gefühl, nicht mehr gebraucht zu werden.

Aber bereits im ersten Monat in der Arbeitslosigkeit wird ihre Schwarzarbeit anonym beim Arbeitsamt angezeigt. Rosa ist darüber furchtbar wütend. Daß sie etwas Ungesetzliches getan hat, kommt ihr nicht in den Sinn. Sie vergleicht vielmehr ihre Situation mit anderen, vor allem "denen da oben".

Kaum war ich stempeln, bin ich schon angezeigt worden. Da bin ich sofort aufs Arbeitsamt und hab die da drinnen auch noch furchtbar geschimpft. Die tun zwar auch nur ihre Arbeit, aber Sie wissen ja - im größten Zorn... Die haben mir dann gleich 800,- Schilling von der Arbeitslosen abgezogen, und für mich ist das viel Geld. Das hab ich denen gesagt - die, die gleich ein paar Millionen verdrehen, die erwischt ihr eh nicht. Aber wenn es um ein paar hundert Schilling geht, da seid ihr auch sofort da. Und die, die in der Langzeitarbeitslosen sind und pfuschen gehen, denen tut ihr auch nichts. Und ich, ich bin 53 Jahre alt, geh das erste Mal stempeln einen Monat, und gleich kommt ihr mir drauf.

An dieser Stelle erfährt Rosa, daß sie angezeigt wurde, daß es also jemanden gibt, der - aus welchen Gründen auch immer - nicht gut auf sie zu sprechen ist. Sie beschließt, sich wieder eine Arbeit zu suchen, bei der sie angemeldet ist, weil "dann können sie mir überhaupt nichts tun".

Rosa ist 53 Jahre alt und wohnt noch dazu in einer Region, in der Arbeitsplätze ohnehin Mangelware sind. Aber auch hier zeigt sie wieder unglaubliches Engagement. Sie spricht Bekannte ebenso an wie Leute, die sie nur flüchtig von ihrer Arbeit im Gasthaus kennt, macht auf ihre Situation aufmerksam, bittet darum, an sie zu denken, wenn irgendwer irgendwo etwas von einer freien Stelle hört. Und sie ist bereit, jede Art von Arbeit anzunehmen, wenn sie zur Sozialversicherung angemeldet wird.

Die Gemeinde sucht zu dieser Zeit per Rundschreiben eine Halbtags-Reinigungskraft mit Kochkenntnissen für die örtliche Schule. Rosa bewirbt sich, ruft ein paar Tage später den Bürgermeister an und erfährt, daß sich insgesamt 63 (!) Frauen um diese Stelle beworben haben. Sie rechnet sich kaum Chancen auf diesen Arbeitsplatz aus, als der Rückruf des Bürgermeisters kommt. Rosa wurde von allen drei Parteien aus der großen Anzahl der Bewerberinnen ausgewählt. Nun kann sie die noch fehlenden Jahre bis zur Pension erwerben.

Wie ich geheiratet hab, da hab ich mir ja meine Versicherungsjahre auszahlen lassen. Dann hab ich bei uns drinnen angefangen und da haben die vom Büro gesagt "Rosa, zahl das wieder ein, du stehst einmal auf deine eigene Rente an". Zuerst habe ich nein gesagt, weil das doch sehr viel Geld war und indexgesichert, ich hab viel mehr zahlen müssen, als ich damals rausgekriegt habe. Aber jetzt bin ich froh, daß ich es gemacht habe. Jetzt brauch ich nur noch bis Juni 95 arbeiten, dann hab ich meine 35 Versicherungsjahre beisammen und krieg die volle Rente.

Angebote vom Arbeitsamt erhält Rosa kein einziges Mal - aber damit rechnet sie auch gar nicht. Sie vertraut - mit Recht - auf ihre eigene Tüchtigkeit. Kolleginnen aus der früheren Firma T., die noch keinen neuen Arbeitsplatz gefunden haben, unterstellt sie, nicht konsequent genug gesucht zu haben.

Wir telefonieren viel. Soviel ich weiß haben alle, die eine Arbeit wollten, auch eine bekommen. Zum größten Teil haben alle Arbeit durch die Umschulungen von der Stiftung. Die, die keine Arbeit wollen, haben halt keine.

Rosa ist eine sehr aktive Frau, die Schicksalsschläge nicht einfach hinnimmt, sondern aktiv wird. Einen Arbeitsplatz braucht sie nicht nur, um Geld zu verdienen oder Versicherungszeiten zu erwerben. Ganz wichtig ist für sie auch die Kommunikation und das soziale Umfeld.

Mittlerweile sind die beiden älteren Kinder außer Haus und haben sich ein eigenes Leben aufgebaut. Der "Jüngste" ist 27 und wohnt bei ihr im Haus. Alle Kinder haben eine abgeschlossene Berufsausbildung, die Schulden am Haus sind abbezahlt, und Rosa hat wieder Arbeit gefunden. Sie ist sehr stolz auf das, was sie geleistet hat und denkt nicht daran, mit der Arbeit aufzuhören.

Ich denk mir, wenn es mir taugt und wenn ich noch fit bin, muß ich ja nicht mit 55 schon in Pension gehen. Geh ich halt bis 56 oder 57, weil die paar Stunden (des Halbtagsjobs, Anm.) sind eh nicht soviel.

Die Frage nach einer qualifizierten Ausbildung oder die Erfüllung eines Berufswunsches hat sich für Rosa nie gestellt. Sie akzeptiert ihren Lebenslauf ohne Gedanken an ein "was wäre wenn" und meistert auch ausweglos erscheinende Situation mit unbeugsamen Willen. Sie ließ sich nie unterkriegen und wurde immer selbst initiativ.

Das wird z.B. auch daraus ersichtlich, daß sie sich nicht an das Arbeitsamt wendet, als sie eine neue Stelle sucht - sie erwartet nicht einmal Hil-

fe von dieser Seite. Sie vertraut darauf, daß sie trotz ihrer 53 Jahre "wieder etwas finden" würde - Selbsthilfe, Eigeninitiative, Engagement und Motivation sind die Maßnahmen, die sie letztendlich auch zum Ziel geführt haben.
Personen, die aufgrund ihrer Persönlichkeitsstruktur gleiche und ähnliche Vorgehensweisen und Reaktionen zeigen wie Rosa, wird generell eine kürzere Dauer der Arbeitslosigkeit bescheinigt. Gerade dieses "Alle-Hebel-in-Bewegung-setzen", mobil und flexibel sein, realistisch in bezug auf die eigenen Fähigkeiten und Möglichkeiten bleiben, verhilft in sehr vielen Fällen schneller zu einem neuen Arbeitsplatz als gute Qualifikation, die sich mit Introvertiertheit paart.[92]

Rosa hat im eigentlichen Sinn keine Probleme bei der Arbeitssuche, obwohl sie durchaus zu den Risikogruppen am Arbeitsmarkt zählt.[93] Die vielen Hürden, die Frauen zu bewältigen haben (Kinderbetreuung, mangelnde Ausbildung und Mobilität, Alter) empfindet sie nicht als solche.

Die fehlende Kinderbetreuung ersetzt sie anfangs durch einen Putzjob am Abend, später durch das Schreiben von Zetteln mit Anweisungen. Obwohl Rosa weder Führerschein noch Auto besitzt, kommt es ihr nicht in den Sinn, sie sei bei der Arbeitssuche eingeschränkt - sie fährt entweder mit dem Fahrrad (auch weitere Strecken) oder nimmt die öffentlichen Verbindungen (auch mit langen zeitlichen Verzögerungen) in Anspruch.

Mit der Problematik des Alters wird sie bei der Arbeitssuche nie konfrontiert und macht sich deshalb auch darüber keine Gedanken - sie hält sich nicht für "zu alt" für den Arbeitsmarkt.

---

[92] *Kirchler,* Resigniert erstarren oder erfolgreich sein Schicksal schmieden?, Determinanten der Wiederbeschäftigung von Arbeitslosen. Österreichisches Institut für Arbeitsmarktpolitik 36 (1991).

[93] *Einfalt,* Problemgruppen (1992); *Kirchler,* Schicksal (1991); *Rothschild/Tichy (Hg),* Arbeitslosigkeit (1987).

Probleme ergeben sich für Rosa nicht bei der Arbeitssuche, sondern durch die fehlenden Sozialkontakte während ihrer Zeit zu Hause. Diese Kontakte vermißt sie sogar im Urlaub und reagiert auf diesen Verlust mit schweren Depressionen.

Sie hat ihr ganzes Leben lang schwer gearbeitet und weiß, daß ihr nun, wo die Kinder sie nicht mehr brauchen, zu Hause "die Decke auf den Kopf fallen" würde. Diese Erfahrung hat sie während ihrer kurzen Zeit der Arbeitslosigkeit gemacht und plant nun, arbeiten zu gehen, solange sie "fit" ist.

Fallstudie 2: Karin

Karin ist zum Zeitpunkt des Interviews 38 Jahre alt, verheiratet und hat eine 17 Jahre alte Tochter. Sie verfügt über keine qualifizierte Ausbildung, obwohl sie gerne eine kaufmännische Lehre absolviert hätte.

Eigentlich wollte ich gleich nach der Schule eine kaufmännische Ausbildung machen, aber da hat mich meine Mutter daheim gebraucht. Ich bin von der Landwirtschaft heraus, und sie hat gesagt, sie braucht mich zu der Arbeit. Unser Vater ist schon früh gestorben, und wie dann mein Bruder aus der Schule gekommen ist, dann hab ich erst arbeiten gehen können.

Auch in Karins Lebenslauf zeigt sich schon früh ein traditionelles Muster: der Berufswunsch des Mädchens wird negiert, es muß warten bis der Bruder seine Ausbildung abgeschlossen hat, dann erst kann es eigene Wünsche anmelden.

Den Beruf, den ich gern lernen wollte, hab ich nicht lernen können. Jetzt hab ich dann den "landwirtschaftlichen Facharbeiter" gemacht, mit dem ich aber praktisch nirgendwo was anfangen kann. Dabei hätte ich die Fähigkeiten dazu gehabt. Im Polytechnischen hat der Klassenvorstand mit meiner Mutter geredet, sie soll mich doch was lernen lassen. Und ich hätte sogar dortzumals schon einen Platz gehabt zum Lernen in einem Lagerhaus. Dort hätte ich meine Ausbildung machen können. Aber meine Mutter hat gesagt, das geht unmöglich - irgendwie ist das eh nicht zum Verstehen gewesen. Aber es hat halt nicht sein wollen.

Karin fügt sich in ihr Schicksal, da die Mutter ohne ihre Hilfe die Landwirtschaft nicht weiterführen konnte. Als ihr Bruder nach Hause kommt und die Landwirtschaft übernimmt, ist Karin 19 Jahre alt. Jetzt noch eine Lehre zu beginnen, erscheint ihr als zu spät.

Dann habe ich als Hilfsarbeiterin in der Firma R. angefangen, die haben dort so kleine Elektronikteile gemacht. Dann ich bin schwanger geworden. Zwei Monate nach der Karenzzeit hat die Firma zugesperrt.

Karin baut Haus mit ihrem Ehemann. Die Schulden veranlassen sie, sich kurz nach der Geburt ihrer Tochter wieder nach Arbeit umzusehen.

Ein paar Monate später bin ich nach W. hinaus gefahren zum Putzen am Abend - ein ganzes Jahr lang, weil wir das Geld gebraucht haben, weil wir ja gebaut haben. Er (der Ehemann, Anm.) war beim H., er hat gerade 7.000,- Schilling verdient und 3.000,- haben wir aber zurückzahlen müssen. Ja und dort hab ich dann einen Speisesaal mit 2000 Quadratmeter putzen müssen, am Abend, in zwei Stunden.

Die Kinderbetreuung ist für Karin ein schier unlösbares Problem. Die öffentlichen Einrichtungen für Kleinkinder gab es damals noch nicht, die Versorgung durch Mutter und/oder Schwiegermutter war ebenfalls nicht möglich.

Die Schwiegermutter ist am Darm operiert worden und dann hat sich herausgestellt, daß sie Krebs hat und daß sie nichts mehr heben darf. Und durch das hab ich eben dann zum Putzen am Abend angefangen, weil mein Mann, der ist um halb fünf von der Arbeit heimgekommen und ich bin um dreiviertel fünf von zu Hause fort nach W. Ich hab eben das Geld gebraucht. Damals hab ich 45 Kilo gehabt und hab Wasserkübel mit 40 Kilo tragen müssen.

Und dann hab ich in der E. anfangen können. Da hab ich durch Zufall den Betriebsrat von dort kennengelernt, der hat gesagt, geh Dirndl, schind' dich doch nicht so. Und er wird schauen, ob er nicht was hat für mich. Ich hab dann in der E. angefangen und mein Mann in der W., und wir haben immer auf Gegenschicht gearbeitet und so haben wir uns ums Kind kümmern können.

Dieses Arbeiten in "Gegenschichten" führt zu einer Entfremdung zwischen Karin und ihrem Mann. Während des Interviews berichtete Karin übrigens in Gegenwart ihres Mannes völlig offen über die entstehenden Beziehungsprobleme.

Wir haben uns total auseinander gelebt, wir haben uns ja nie gesehen. Er hat dann am Wochenende auch oft Schicht gearbeitet und dafür unter der Woche ein paar Tage frei gehabt, aber da war ich dann wieder eingespannt, und da lebst du dich halt auseinander.

Aber derweil das so lauft, bist du nur froh, daß alles funktioniert. Daß du dich auseinander gelebt hast, das erkennst du erst danach. Weil wenn wir uns dann länger gesehen haben, dann hat er mich so aufgeregt, das kann ich gar niemandem sagen. Weil ich das einfach nicht gewohnt war, daß wer neben mir da ist.

Ich hab mich am Abend hergelegt, den Fernseher eingeschaltet und fertig. Mir hat niemand dreingeredet, mir hat niemand umgeschaltet, ich hab auf niemanden Rücksicht nehmen müssen. Das Dirndl war im Bett und ich hab da meine Ruhe gehabt. Aber umgekehrt war es genau so - er war es auch nicht gewohnt, daß ich auf einmal da bin.

Die Beziehung zwischen den Ehepartnern ist eine zeitlang sehr schlecht, aber jetzt haben sie sich "erfangen", wie Karin es nennt. Daß diese Form der Arbeitsteilung zum Zweck der Kinderbetreuung schwere psychische Belastungen mit sich bringen mußte, liegt auf der Hand. Überhaupt wenn man bedenkt, daß Karin und ihr Mann dieses System nicht nur kurzfristig sondern über mehrere Jahre hinweg praktizierten.[94]

Karin bleibt bis 1992 in der Firma E. Dann beginnen dort die ersten Kündigungswellen. Um die arbeitslos werdenden Frauen aufzufangen,

[94] Zu den Erfahrungen mit „Gegenschichten" zur Organisation der Kinderbetreuung in Arbeiterfamilien vgl *Becker-Schmidt/Knapp*, Arbeiterkinder (1985) 21 f.

werden von einer "Stiftungsähnlichen Maßnahme" Berufsorientierungskurse und Umschulungsmaßnahmen angeboten.

Nach eigenen Angaben verzichtet Karin zugunsten einer Kollegin auf ihren Arbeitsplatz. Ihre Angaben bleiben an dieser Stelle jedoch vage und auch die Begründung scheint nicht ganz logisch.

Ich hab dort bis Sommer 92 gearbeitet, dann hab ich selber aufgehört, beziehungsweise einvernehmlich, weil es ist wieder abgebaut worden, und da waren auch ein paar dabei, die sind wirklich ganz dringend auf die Arbeit angewiesen gewesen. Darum hab ich gesagt, hör' halt ich auf, bevor eine andere gehen muß. Dabei ist dann eh alles nach Ungarn verlagert worden, und im November ist dann eh das ganze Werk geschlossen worden.

Karin sieht in einer Umschulungsmaßnahme eine Chance, die in der Jugend nicht erhaltene Ausbildung nachzuholen. Aber das erweist sich als schwieriger als erwartet. Karin macht schlechte Erfahrungen mit den Firmen und schiebt dies auf ihre frühere Tätigkeit als Betriebsrätin.

Dann war ich bis Februar daheim, weil ich nichts gefunden habe, und dann habe ich eine Umschulungsmaßnahme in Anspruch genommen und bin in die Stiftungsähnliche Maßnahme gegangen. Da habe ich die Berufsorientierung gemacht und dann wollte ich noch eine kaufmännische Lehre machen.

Ich habe auch angefangen damit, hab bis Weihnachten bei der Firma T. gearbeitet. Aber die dort haben es mich recht spüren lassen, daß ich früher Betriebsrätin war - ich weiß nicht, wie sie das erfahren haben. Und ich habe dort eigentlich eine sehr schlechte Zeit gehabt; bis ich nimmer können hab und dann hab ich aufgehört.

Ich hab dann bei einer Metallbaufirma weitergearbeitet und wollte dort meine Lehre fertig machen. Dort hat es mir sehr gut gefallen. Die waren alle sehr lieb und nett zu mir - bis ich einmal mittags Besorgungen hab machen müssen. Wie ich zurückgekommen bin, haben sie mir gesagt, ich brauch nicht mehr kommen. Aus heiterem Himmel! Ohne Begründung! Ich hab mir nichts zuschulden kommen lassen. Die Stiftung hat sich dann mit denen in Verbindung gesetzt, und da hat es geheißen, sie hätten nicht die Nerven, mich auszubilden, sie hätten sich das leichter vorgestellt.

Karin glaubt, daß sie in der Firma von einer früheren Kollegin "vernadert" wurde - kann dies aber nicht beweisen. Die neuerliche Enttäuschung läßt sie jedoch resignieren. Sie bricht die Ausbildung ab.

Jetzt bin ich dann daheim geblieben und hab mir gedacht, nein, eine dritte Stelle such ich mir nicht mehr. Ich hab zwar ein Semester in der Schule fertig, aber wenn alles hinhaut, werde ich mir im Herbst eine Halbtagsstelle suchen, in einem Schuhgeschäft oder so, das hat auch ein bißchen mit dem Kaufmännischen zu tun.

Einen Ganztagejob will Karin nicht mehr annehmen. Finanziell sind sie und ihr Mann aus dem "Gröbsten" heraus, die Tochter ist 17 Jahre alt und braucht sie nicht mehr so intensiv wie früher.

Karin weiß, daß sie punkto Arbeitszeit flexibler ist als andere Frauen, die einen Halbtagsjob suchen, um ihre Kinder betreuen zu können, und die deshalb zumeist auf Vormittagsstellen angewiesen sind. Aber gerade im Handel werden Teilzeitkräfte zumeist für den Nachmittag gesucht.

Ich hab jetzt im Garten soviel zu machen, da hab ich eh genug Arbeit, daß ich sag, ein halber Tag, das reicht mir. Finanziell geht es sich aus und ein bißchen Lebensqualität mag ich dann auch noch haben.

Mir macht es nichts aus, wenn ich am Nachmittag arbeite. Bei mir geht's, weil das Dirndl schon groß ist, da bin ich ein bißchen flexibler. Bei uns gibt es viele Frauen, die die Kinder in der Schule haben und die können dann nur am Vormittag arbeiten. Aber da gibt es ja nichts.

Karin will allerdings nur vorübergehend den Sommer über zu Hause bleiben, ganz verzichten auf die Berufsarbeit möchte sie nicht.

Ich möchte auf keinen Fall ganz daheim sein. Ich schau schon, daß ich wieder was finde. Jetzt im Sommer tut sich ja nichts, weil's überall ein bißchen flauer ist, aber im Herbst möchte ich dann schon wieder arbeiten. Immer daheim sein möchte ich nicht! Ich dreh mich schon so langsam um bei der Arbeit, eben weil ich soviel Zeit habe.

Ganz wichtig ist für Karin die Ausbildung ihrer Tochter. Diese besucht zur Zeit die Handelsschule und möchte im Anschluß daran in Linz die Abendmatura machen.

Meine Tochter hat jetzt bei mir gesehen, wie wichtig die Schule und die Ausbildung sind, daß du ohne Schule der reinste Depp bist, daß sie dann mit dir machen können, was sie wollen. Je mehr du kannst, umso bessere Chancen hast du.

An dieser Stelle des Interviews läßt Karin erkennen, daß sie unter dem geringen Sozialprestige ihres Berufes sehr gelitten hat und daß sie ihrer Tochter und auch sich selbst eine ähnliche Situation in Zukunft ersparen möchte.

Obwohl ich noch dazu sagen möchte, daß ein Hilfsarbeiter oder eine Putzfrau genauso was wissen muß über seine Arbeit, die sollten auch nicht schlechter bewertet werden wie andere. Weil die verrichten auch ihre Arbeit, aber die werden eben einfach minderwertiger behandelt. Das lassen sie dich einfach spüren - "Putzweiber" haben's zu uns immer gesagt.

Und einen Putzplatz irgendwo privat würde ich nicht annehmen, weil jemand anderem den Dreck wegputzen... Und versichert bist nicht, alles nur schwarz, und wenn's was nicht finden, dann heißt es eh gleich, du hast es genommen. Dann rufen sie dich zu Hause an und fragen, ob du vielleicht "versehentlich" was eingesteckt hast - nein, das möcht ich nicht machen. Aber private Putzplätze würde es schon noch einige geben hier in der Gegend. Sonst ist eh nichts mehr da. Und darum soll's Dirndl was Ordentliches lernen.

Bei Karin wurde im Verlauf des Interviews deutlich, daß sie aufgrund ihrer Arbeitslosigkeit doch sehr deprimiert ist. Die Aussage, den Sommer über im Garten ohnehin genügend Arbeit zu haben, kann als eine Schutzbehauptung bezeichnet werden. Sie gehörte auch zu jenen Frauen, die während des Interviews ausdrücklich betonten, daß sie sich gefreut hätten über die Gelegenheit, endlich einmal "alles ausreden" zu dürfen, weil "immer den Mann anraunzen hat auch keinen Sinn".

Obwohl die Arbeitsbedingungen in ihrem früheren Beruf nicht ideal waren und sie sich jetzt eher an einem Arbeitsplatz im Handel orientiert, wäre sie bereit, wieder in die Fabrik arbeiten zu gehen, wenn sich ein entsprechender Produktionsbetrieb neuerlich in der Gegend ansiedeln würde.

Das Muster ihrer Berufslaufbahn wirkt vertraut - der Berufswunsch wird unterdrückt, die Frau bleibt als billige Arbeitskraft zu Hause. Später, d.h. im Alter von 18, 19 Jahren erscheint die Möglichkeit, einen Berufswunsch zu realisieren, verpaßt. Heirat, Schwangerschaft, Existenzgründung - diese Abfolge läßt eine Lehrausbildung nicht mehr zu.

Für Karin hat sich eine zweite Chance ergeben; ob die von ihr angeführten Gründe, die die Ausbildung zum Scheitern brachten, sich auch objektiv so darstellten, ist irrelevant. Karin bricht ihre Ausbildung ab und ist nun auf der Suche nach einem Arbeitsplatz, der zumindest in den Grundanforderungen dem entspricht, was sie schon immer machen wollte. Ihre gegenwärtige finanzielle Situation erlaubt es ihr, "Putzjobs" abzulehnen.

Bedingt durch ihre eigene Biographie ist sie sehr darauf bedacht, ihrer Tochter eine qualifizierte Ausbildung zukommen zu lassen, um ihr die selber gemachten Erfahrungen in der Fabrik, als Putzfrau und in der Arbeitslosigkeit zu ersparen.

Wenn ich jetzt noch einmal die Möglichkeit hätte, dann würde ich mir schon Zeit lassen. Also nicht so jung heiraten, nicht so bald Kinder kriegen.

Fallstudie 3: Maria

Maria ist zum Zeitpunkt des Interviews 18 Jahre alt und seit zwei Jahren auf der Suche nach Arbeit. Sie lebt bei ihren Eltern in einer oberösterreichischen Kleinstadt; Geschwister hat sie keine. Obwohl ihr letztes Schuljahr im Polytechnischen Lehrgang kaum drei Jahre zurückliegt, kann sich Maria nicht an eine Berufsberatung erinnern.

Wir haben da schon einmal was gehabt, aber so genau kann ich mich da nicht mehr erinnern.

Marias Berufswunsch ist "Friseurin", aber sie wird von ihrer Mutter umgestimmt.

Früher einmal wollte ich Friseurin werden, aber das hat mir meine Mutter wieder ausgeredet, weil das hat sie selber gesehen wie das ist. Sie hat die Chemikalien nicht vertragen. (...) Unter der Lehrzeit hat sie aufgehört, weil sie die Präparate nicht vertragen hat und dann hat sie im Verkauf weitergearbeitet.

Dann möchte Maria Verkäuferin werden und sucht nach Abschluß der Pflichtschule eine entsprechende Lehrstelle. Aber es gibt keine Ausbildungsplätze, und sie sieht sich nach einem anderen Arbeitsplatz um.

(...) wie ich aus der Schule gekommen bin, da habe ich auch lange gesucht, bis ich etwas gefunden habe. Zuerst hab ich mir gedacht, daß ich vielleicht im Kindergarten anfang, als Kindergartenhelferin, aber da war ich noch zu jung, da haben mir die Kinder nicht gefolgt und die Tante, bei der hab ich auch nie gewußt, ob ihr das paßt, was ich sage. Nachher haben sie eine aufgenommen, wo ihr Mann bei der Gemeinde ist.

Maria ist sich nicht sicher, welche Gründe für ihre vergebliche Stellensuche verantwortlich sein könnten. Sie berichtet, daß sie keine gute

Schülerin war und daß auch ihr Zeugnis eher schlechte Noten aufweist. Aber sie merkt, daß das nicht die alleinige Ursache sein kann. Sie sucht weiter nach einem Lehrstellenplatz. Ihr Traumberuf wäre Verkäuferin in einem "Schmuckgeschäft". Bei einem zufällig freiwerdenden, entsprechenden Ausbildungsplatz wird ihr eine ehemalige Schulkollegin vorgezogen.

Wenn mir etwas gefallen täte, dann ist es zu weit weg, oder die meisten schauen aufs Zeugnis und aufs Aussehen, obwohl das gar nicht viel sagt. Mir ist es schon öfters so gegangen. (...) Naja, gut ist es (das Zeugnis, Anm.) ja wirklich nicht, aber es gibt eine, die war schlechter als ich und die hätten sie aber genommen.

Sich an das Arbeitsamt zu wenden, kommt ihr gar nicht in den Sinn.

Nein, da hab ich gar nicht geschaut.

In einem Geschäftslokal, das längere Zeit leer stand, wird ein kleiner Lebensmittelladen neu eröffnet; Maria findet dort einen Lehrstellenplatz. Die neue Geschäftsinhaberin kommt aus einer anderen Branche und versteht nicht viel vom Handel, deshalb stellt sie eine Freundin als Verkäuferin ein. Maria und die Freundin der Chefin führen das Geschäft allein.

Das war so ein kleines Geschäft mit Wurst und Lebensmitteln. (...) Das Geschäft war nicht, also das war nicht einmal ein Jahr offen. Es war vorher schon zugesperrt und ist längere Zeit nicht mehr aufgemacht worden. Die (Chefin, Anm.) hat sich das halt zu einfach vorgestellt. Sie hat geglaubt, sie kann das Geschäft mit einer Verkäuferin...; die war ihre Freundin (...) und jetzt hat sie halt eine Frau gebraucht, die sich im Verkauf ausgekannt hat. Sie (die Chefin, Anm.) ist immer mit ihrer Mutter oder mit ihrer Schwester spazieren gefahren oder einkaufen, und wir zwei hätten das Geschäft machen sollen.

Maria hat Pech - nach nur vier Monaten Lehrzeit wird das Geschäft geschlossen. Aufgrund der kurzen Beschäftigungsdauer hat Maria auch keinen Anspruch auf Arbeitslosengeld.

Wenn es (das Geschäft, Anm.) zwei Wochen länger offen gehabt hätte, hätte ich ein Arbeitslosengeld gekriegt. Und das ist sich jetzt nicht ausgegangen. Ich habe sie gefragt, ob sie es vielleicht zwei Wochen länger offen lassen kann, aber das ist nicht gegangen.

Auch die Berufsschule hat Maria nach einem Monat abgebrochen. Seither (seit mehr als zwei Jahren!) erlebt Maria bei der Arbeitsuche eine Odyssee.

Mit der Berufsschule hab ich auch aufgehört, weil da hab ich mir auch nicht so leicht getan und das Lernen hat mich eigentlich auch nicht so gefreut. Und da hab ich mir gedacht, als Anlernling finde ich etwas, aber da habe ich auch nichts gekriegt.

Maria hat sich in der Zeit sehr wohl überlegt, welche Berufe ihr noch Spaß machen könnten, letztendlich muß sie sich aber an die Gegebenheiten des regionalen Arbeitsmarktes anpassen.

Jetzt bin ich ja schon auf mehr Sachen gekommen. Vorher wollte ich nur als Verkäuferin arbeiten und jetzt schon als Kindermädchen und Krankenschwester, oder Ordinationsgehilfin, das würde mir auch gefallen, aber da ist es auch schwer. (...)
Dann habe ich schon einmal geschaut als Masseurin oder so was, aber da ist es auch nicht leicht, daß du Arbeit findest. Eine Kosmetikschule wollte ich auch einmal machen, aber das hat mir meine Mutter wieder ausgeredet.

Maria bekommt zum 18. Geburtstag von ihren Eltern ein Auto. Pendeln wäre für sie kein Problem, aber sie möchte ihren Wohnort nicht wechseln.

Als Kindermädchen arbeiten, das würde mir auch Spaß machen, aber da müßte ich weiter weg gehen, und das mag ich eigentlich nicht, wo anders schlafen; und hier in der Nähe findet man auch nichts als Kindermädchen.

Maria hat sich bei verschiedenen Schulen bzw. Ausbildungsmaßnahmen in der näheren Umgebung angemeldet. Am meisten interessiert sie zur Zeit eine Ausbildung als Pflegehelferin. Doch die Wartelisten sind lang und die Zugangsbestimmungen restriktiv (Zeugnis!). Maria sucht mittlerweile seit zwei Jahren nach einem Arbeitsplatz. Um diese Zeit trotzdem zu nutzen, arbeitet sie "schwarz" als Babysitterin und versucht nebenbei, Erfahrungen in dem gewünschten Beruf zu sammeln.

Jetzt passe ich halt auf Kinder auf, aber das ist auch nur zweimal in der Woche, da verdienst du auch nicht so viel Geld. Jetzt möchte ich einmal ins Krankenhaus gehen, aber bis ich da hineinkomme, das ist auch schwer. Jetzt bin ich freiwillig beim Roten Kreuz dabei, weil ich mir gedacht habe, vielleicht komme ich dann leichter hinein, aber da bin ich erst zwei Monat dabei, so lange ist das ja noch nicht. Aber angemeldet bin ich ja schon im Krankenhaus für den Halbjahreskurs, aber da melden sich ja auch viele Leute an, und das geht dann nach der Reihe.

Maria wohnt bei ihren Eltern und kann sich finanziell auf ihre Unterstützung verlassen.

(...) obwohl sie auch öfters ein wenig schimpfen, weil ich schon so lange daheim bin, weil sie auch nicht daran glauben, daß ich überhaupt einmal etwas bekomme. Es ist schon viel Zeit vergangen.

Die Ratschläge und Hilfestellungen bei der Arbeitssuche, die Maria von ihren Eltern erfährt, mögen zwar gut gemeint sein, sind ihrer beruflichen Entwicklung hingegen nicht gerade dienlich. Von ihrer Mutter wird sie zweimal dazu überredet, von einem gewünschten Berufsziel abzulassen, der Vater versucht, der arbeitssuchenden Tochter zumindest einen "kleinen Posten" zu vermitteln.

Mein Papa arbeitet auf der Post und da könnte ich putzen, aber das ist nur aushilfsweise. Aber gefallen tut es mir nicht, das ist nur, damit ich ein wenig Geld bekomme.

Mittlerweile nimmt Maria auch das Arbeitsamt in Anspruch, aber die dort vermittelten Arbeiten entsprechen nicht ihrer Vorstellung.

Beim Arbeitsamt wissen sie auch, daß ich schon so lange etwas suche, aber so viele Angebote habe ich von ihnen auch nicht bekommen, außer zum Putzen und so. (...) Aber putzen möchte ich auch nicht in meinem Alter und Verkäuferinnen werden nur mit abgeschlossener Ausbildung oder Praxis genommen.

Daß ihre Chancen auf dem Arbeitsmarkt mit zunehmender Dauer der Arbeitslosigkeit sinken, darüber ist sich Maria im klaren.

Das kann ich eigentlich schon gar nicht mehr zählen, wo ich schon überall war. (...) Nur wenn ich länger arbeitslos bin, macht das auch keinen guten Eindruck, weil dann glauben die Leute, daß ich nicht arbeiten will oder was. Aber wenn mich niemand nimmt!

Marias Biographie steht exemplarisch für jene Generation junger Frauen, die sich bei ihren beruflichen Entscheidungen mit Gegebenheiten am Arbeitsmarkt konfrontiert sehen, auf die sie in keinem Unterrichtsfach während der Schulzeit vorbereitet wurden. Aus anfänglich konkreten Vorstellungen über einen Beruf wird im Laufe der Zeit ein Suchen nach "irgendetwas".

Je mehr Zeit verstreicht, desto verzweifelter wird für Maria die Situation. Selbst ihre Eltern beginnen schon daran zu zweifeln, daß Maria wirklich "nur" an fehlenden Angeboten scheitert. Wie Maria selbst die Arbeitsmarktlage einschätzt, wird aus ihrer Wortwahl ersichtlich: "Aber da ist es auch schwer..." Dieser Satz begleitete jede Äußerung, die sich auf einen Arbeitsplatz oder eine Ausbildungsstelle bezog. Ihre Resignation ist jedoch noch nicht so weit fortgeschritten, daß ihr die angebotenen "Putzjobs" als Alternative zu einem Ausbildungsplatz willkommen erscheinen.

Bedenklich stimmen hingegen die Reaktionen ihrer Eltern: Die sicher gut gemeinten Ratschläge der Mutter, die aufgrund ihrer eigenen Berufserfahrungen der Tochter ein ähnliches Schicksal ersparen möchte, bewegen Maria dazu, von einem durchaus konkreten Berufswunsch abzulassen. Der Vater hingegen vermittelt seiner Tochter, ebenfalls in guter Absicht, zur Überbrückung der Zeit der Arbeitssuche einen Putzjob und übersieht dabei, daß diese Tätigkeit für Marias späteren Berufsweg unter Umständen ein negatives Ausgrenzungsmerkmal am Arbeitsmarkt darstellen könnte ("Einmal eine Putzfrau - immer eine Putzfrau!"). Beide Elternteile verlieren im Laufe der Zeit die Geduld und den Glauben an die Tochter ("..sie schimpfen öfters schon ein wenig..."). Auch das Arbeitsamt kann nur jene Stellen vermitteln, die für unqualifizierte Frauen üblich sind - Putzplätze.

Übrig bleibt eine junge Frau, die versucht, auf einem schwierig und selektiv gewordenen Arbeitsmarkt die Chance zu einer Ausbildung zu erhalten, die bei der Überbrückung der Wartezeit - wiewohl zwar finanziell durch die Eltern abgesichert - in zunehmendem Maße auf sich allein gestellt ist und die, um Erfahrungen sammeln zu können, in die ungesicherte "Schwarzarbeit" gedrängt wird.

3. Resümee

Die Ursachen und Hintergründe für die Benachteiligung der Frauen am Arbeitsmarkt sind vielfältig. "Weibliche" Eigenschaften wie die Hinwendung zum Menschen, Geduld, Fürsorge und Anteilnahme, Bescheidenheit und Zurückhaltung, das Verzichten auf die Durchsetzung der eigenen Wünsche zugunsten der Familie und um des Familienfriedens willen und die Zuständigkeit für Haushalt und Kindererziehung sind als Arbeitsfaktoren für die Gesellschaft ebenso hochwillkommene wie selbstverständliche, unabdingbare Notwendigkeit - im Arbeitsleben bewirken sie jedoch das Gegenteil. Arbeiten in den Dienstleistungsbranchen bedeuten eine Verlagerung früherer Haushaltstätigkeiten auf den Arbeitsmarkt - und hierfür erscheinen Frauen aufgrund ihrer weiblichen Disposition besonders prädestiniert.

Für Frauen bedeutet die berufliche Erwerbsarbeit in zunehmendem Maße Emanzipation - nicht nur von einem Partner, sondern auch von den gesellschaftlichen Rollenerwartungen, die an sie gestellt werden. Erwerbsarbeit bedeutet für Frauen in jeder Lebensphase Unabhängigkeit, Identität und eine Bereicherung des persönlichen, sozialen Umfeldes. So unangenehm die Arbeitsbedingungen auch gewesen sein mögen, so stellte doch der Verlust des Arbeitsplatzes einen traumatischen Einschnitt in das Leben der Betroffenen dar. Aus den Aussagen betroffener Frauen wird deutlich, daß die wenigsten bereit sind, sich in „Krisenzeiten", d.h. bei sich verknappendem Arbeitsplatzangebot, an den Herd zurückzuziehen - und die Frauen sind auch nicht mehr bereit, sich - verborgenen oder offenen - Diskriminierungen auszusetzen, sondern setzen sich in zunehmendem Maße zur Wehr.

Die Benachteiligung am Arbeitsmarkt, resultierend aus einem Zusammenwirken verschiedener gesellschaftlich tradierter Werthaltungen,

Vorurteile und Selbstverständlichkeiten, ist für Frauen Alltag - dies zu negieren, bedeutet an der Lebensrealität vieler Frauen vorbeizugehen. Um jedoch wirklich Chancengleichheit am Arbeitsmarkt zu erzielen, bedarf es noch intensiver Öffentlichkeits- und Erziehungsarbeit, um ein Umdenken herbeizuführen.

Literaturverzeichnis

- *Appelt, Erna/Lösch, Andrea/Prost, Edith (Hg)*, Stille Reserve?, Erwerbslose Frauen in Österreich (Österreichische Texte zur Gesellschaftskritik XXXI) (1987)
- *Bacher, Johann/Wilk, Liselotte,* "Neue" Väter? - ...nur dann, wenn es unbedingt sein muß..., in SWS-Rundschau 2 (1992)
- *Becker-Schmidt, Regina/Bilden, Helga,* Impulse für die qualitative Sozialforschung aus der Frauenforschung, in *Flick, Uwe u.a. (Hg)*, Handbuch Qualitative Sozialforschung (1991)
- *Becker-Schmidt, Regina/Knapp, Gudrun-Axeli,* Arbeiterkinder gestern - Arbeiterkinder heute. Erziehungsansprüche und -probleme von Arbeiterinnen im intergenerativen Vergleich, in *Fricke, Werner (Hg)*, Forschungsinstitut der Friedrich-Ebert-Stiftung, Reihe Arbeit XV (1985)
- *Becker-Schmidt, Regina/Knapp, Gudrun-Axeli,* Geschlechtertrennung - Geschlechterdifferenz. Suchbewegungen sozialen Lernens (1987)
- *Becker-Schmidt, Regina/Knapp, Gudrun-Axeli/Schmidt, Beate,* Eines ist zuwenig - beides ist zuviel. Erfahrungen von Arbeiterfrauen zwischen Familie und Fabrik, in *Fricke, Werner (Hg)*, Forschungsinstitut der Friedrich-Ebert-Stiftung, Reihe Arbeit Sonderband II (1984)
- *Beck-Gernsheim, Elisabeth,* Das halbierte Leben, Männerwelt Beruf - Frauenwelt Familie (1980)
- *Beck-Gernsheim, Elisabeth,* Der geschlechtsspezifische Arbeitsmarkt. Zur Ideologie und Realität von Frauenberufen[2] (1981)
- *Beck-Gernsheim, Elisabeth,* Die Kinderfrage. Frauen zwischen Kinderwunsch und Unabhängigkeit (1989)
- *Beham, Martina/Kränzl-Nagl, Renate/Ortmair, Margarethe,* Lebensbedingungen von Frauen und ihre Bedeutung für deren Gesundheit (Linzer Frauenbüro) (1995)
- *Benard, Cheryl/Schlaffer, Edit,* Rückwärts und auf Stöckelschuhen ...können Frauen soviel wie Männer (1989)

- *Biffl, Gudrun,* Die Zukunft der Frauenbeschäftigung (Vortrag anläßlich der Enquete "Zukunftsweibsbilder") (1994)
- *Buchinger, Birgit/Pircher, Erika,* Versteckte Diskriminierungen. Frauenspezifische Diskriminierungsprozesse in der betrieblichen Praxis am Beispiel von drei Betrieben im Bundesland Salzburg, in *Bundesministerium für Frauenangelegenheiten (Hg)*, Schriftenreihe zur Frauenforschung 3 (1994)
- *Bundesministerium für Arbeit und Soziales (Hg)*, „Mir haben sich eigentlich was Jüngeres vorgestellt!“, Arbeit suchen ab 40, Forschungsberichte aus Sozial- und Arbeitsmarktpolitik 25 (1988)
- *Bundesministerium für Arbeit und Soziales (Hg)*, Leben ohne Arbeit, Forschungsberichte aus Sozial- und Arbeitsmarktpolitik 38 (1991)
- *Bundesministerium für Arbeit und Soziales (Hg)*, Frauenbeschäftigung und Betriebsübernahme, Forschungsberichte aus Sozial- und Arbeitsmarktpolitik 43 (1991)
- *Bundesministerium für Arbeit und Soziales (Hg)*, Von Ausgrenzung bedroht, Forschungsberichte aus Sozial- und Arbeitsmarktpolitik 50 (1993)
- *Durst, Anneliese,* Bedienen zwischen dienen und verdienen, Eine berufssoziologische empirische Untersuchung zur Dienstleistung im Gastgewerbe (1993)
- *Einfalt, Alfred,* Problemgruppen am Arbeitsmarkt. Von der Betreuung zur Beratung (Sozialwissenschaftliche Materialien XXXI) (1992)
- *Fischer-Rosenthal, Wolfram,* Biographische Methoden in der Soziologie, in *Flick, Uwe u.a. (Hg)*, Handbuch Qualitative Sozialforschung (1991)
- *Flick, Uwe/Kardoff, Ernst/Keupp, Heiner/Rosenstiel, Lutz/Wolff, Stephan (Hg)*, Handbuch Qualifikation Sozialforschung (1991).
- *Fuchs, Anneliese,* Die besseren Zwei. Mann und Frau in der Gesellschaft von heute (1987)
- *Fuchs, Anneliese/Taschner, Elfriede,* Fällt der Mann vom Podest? Hausfrauendasein und Männerkarrieren (1989)

- *Göttner-Abendroth, Heide,* Zur Methodologie von Frauenforschung am Beispiel Biographie, in *Sozialwissenschaftliche Forschung & Praxis für Frauen e.V. (Hg)*, Beiträge zur feministischen Theorie und Praxis, Frauenforschung oder feministische Forschung? 11 (1984)
- *Greussing, Kurt,* "Frauenarbeit", Pädagogische Schriftenreihe. Museum Industrielle Arbeitswelt (1990)
- *Gross, Inge/Wiedenhofer, Beatrix/Vötsch, Werner,* Die wirtschaftliche und soziale Rolle der Frau in Österreich (Bundesministerium für Arbeit und Soziales) (1994)
- *Gutmann, Raimund/Burgstaller, Barbara/Pluntz, Liane,* Arbeitskräfte in Reinigungsberufen. "Fleißige Lieschen" am Rande der Arbeitsgesellschaft (Institut für Alltagskultur Salzburg, Report im Auftrag der Kammer für Arbeiter und Angestellte für Salzburg) (1986)
- *Hagemann-White, Carol,* Sozialisation: Weiblich - Männlich?, Alltag und Biographie von Mädchen I (1984)
- *Hammerl, Elfriede,* Probier es aus, Baby, STERN-Einsichten (1988)
- *Hausegger, Trude/Schrems, Irmgard,* Berufswahlprozesse bei Mädchen , in *Bundesministerium für Unterricht und Kunst und Bundesministerium für Frauenangelegenheiten (Hg)*, Enqueteberichť: Berufswahl von Mädchen - Perspektiven, Hindernisse, Konzepte (1993)
- *Hopf, Christel,* Qualitative Interviews in der Sozialfoschung - Ein Überblick, in *Flick, Uwe u.a. (Hg)*, Handbuch Qualitative Sozialforschung (1991)
- *Jahoda, Marie/Lazarsfeld, Paul/Zeisel, Hans,* Die Arbeitslosen von Marienthal[2] (1960)
- *Jansche-Isenberg, Sigrid/Rieden, Elisabeth,* Frauen erforschen Frauenarbeitslosigkeit in Kärnten (Forschungsbericht des Bundesministeriums für Arbeit und Soziales 38) (1991)
- *Kammer für Arbeiter und Angestellte Oberösterreich (Hg)*, Arbeitsbedingungen von Frauen in ausgewählten Berufen, WISO 21 (1989)
- *Kammer für Arbeiter und Angestellte Oberösterreich (Hg)*, "Ich wüsche mir nur wieder Arbeit". Zur Situation arbeitsloser Frauen in den Bezirken Braunau, Steyr und Vöcklabruck, WISO 35 (1995)

- *Keuler, Dorothea,* Undankbare Arbeit. Die bitterböse Geschichte der Frauenberufe (1993)
- *Kirchler, Erich,* Arbeitslosigkeit und Alltagsbefinden. Eine sozialpsychologische Studie über die subjektiven Folgen von Arbeitslosigkeit (1984)
- *Kirchler, Erich,* Resigniert erstarren oder erfolgreich sein Schicksal schmieden?, Determinanten der Wiederbeschäftigung von Arbeitslosen, Österreichisches Institut für Arbeitsmarktpolitik 36 (1991)
- *Klink, Frauke,* Hilfesuchverhalten erwerbsloser Frauen, in *Mohr, Gisela (Hg)*, Ausgezählt, Theoretische und empirische Beiträge zur Psychologie der Frauenerwerbslosigkeit (1993)
- *Kontos, Silvia/Walser, Karin,* ...weil nur zählt, was Geld einbringt. Probleme der Hausfrauenarbeit (1979)
- *Lamnek, Siegfried,* Qualitative Sozialforschung, Methodologie I[2] (1993)
- *Lehr, Ursula,* Zur Situation der älterwerdenden Frau. Bestandaufnahmen und Perspektiven bis zum Jahre 2000 (1987)
- *Mies, Maria,* Methodische Postulate zur Frauenforschung, in *Sozialwissenschaftliche Forschung & Praxis für Frauen (Hg)*, Beiträge zur feministischen Theorie und Praxis, Frauenforschung oder feministische Forschung? 11 (1984)
- *Miner, Valerie/Longino, Helen E. (Hg)*, Konkurrenz. Ein Tabu unter Frauen (1990)
- *Mohr, Gisela (Hg)*, Ausgezählt, Theoretische und empirische Beiträge zur Psychologie der Frauenerwerbslosigkeit (1993)
- *Ochel, Anke,* Hausfrauenarbeit. Eine qualitative Studie über Alltagsbelastungen und Bewältigungsstrategien von Hausfrauen (1989)
- *Ostner, Ilona,* Beruf und Hausarbeit, Die Arbeit der Frau in unserer Gesellschaft (1978)
- *Ostner, Ilona,* Heim -lich heißt ungesehen, in *Tornieporth, Gerda (Hg)*, Arbeitsplatz Haushalt (1988)
- *Pelzmann, Linde,* Individuelle Folgen von Arbeitslosigkeit. Österreichisches Institut für Arbeitsmarktpolitik 33 (1988)

- *Rothschild, Kurt W./Tichy, Gunther (Hg)*, Arbeitslosigkeit und Arbeitsangebot in Österreich (1987)
- *Schiersmann, Christiane,* Berufsausbildung von Frauen. Situation und Förderansätze im Kontext neuer Technologien. Institut für Arbeitsmarkt- und Berufsforschung der Bundesanstalt für Arbeit (1990)
- *Starzer, Grete,* Krank sein is net drinnen, in *Bundesministerium für Arbeit und Soziales (Hg)*, Fabriksarbeiterinnentagung in Linz 1986 (1989)
- *Talos, Emmerich/Wiederschwinger, Margit (Hg)*, Arbeitslosigkeit - Österreichs Vollbeschäftigungspolitik am Ende? (Österreichische Texte zur Gesellschaftskritik XXX) (1987)
- *Volst, Angelika/Wagner, Ina,* Ein Stück moderneres Leben - Berufsbiographien aus einer vergessenen Welt, in *Bundesministerium für Arbeit und Soziales (Hg)*, Beruf: Ungelernt, Arbeitsbiographien von Frauen (Schriftenreihe Gleichbehandlung ist das Ziel 19) (1991)
- *Wolf, Irene/Wolf, Walter,* Wieviel weniger...?, Einkommensunterschiede zwischen Frauen und Männern in Österreich (Bundesministerium für Arbeit und Soziales) (1991)
- *Zilian, Hans Georg/Fleck, Christian,* Die verborgenen Kosten der Arbeitslosigkeit (1990)

Folgenden Zeitschriften und Tageszeitungen wurden Zitate entnommen:

- New Business - Das Wirtschaftsmagazin für Unternehmer Nr 7, November/Dezember 1994 Artikel verfaßt von *Ursula Rischanek*
- Der Standard, 1.7.1994, ohne Verfasser
- Kurier, 7.6.1994, Artikel verfaßt von *Andrea Hodoschek*
- OÖ Nachrichten, 7.3.1994, Artikel verfaßt von *Birgit Baumann*
- OÖ Nachrichten, 20.4.1994, Artikel verfaßt von *Dietmar Mascher*
- OÖ Nachrichten, 12.8.1994, Artkel verfaßt von *Dietmar Mascher*
- OÖ Nachrichten, 16.8.1994, Artikel verfaßt von *Hermann Neumüller*
- OÖ Nachrichten, 8.11.1994, Artikel verfaßt von *Dietmar Mascher*
- OÖ Nachrichten, 29.12.1994, Artikel verfaßt von *Karin Haas*
- Salzburger Nachrichten, 5.10.1994, Artikel verfaßt von *Veronika Canaval*
- Salzburger Nachrichten, 22.11.1994, Artikel verfaßt von Inge Baldinger

Weitere Titel aus dem Universitätsverlag Rudolf Trauner zum Thema Frauenforschung

Linzer Schriften für Frauenforschung,
Herausgegeben von Ursula Floßmann

Band 1
Regina Nopp
Frau und Musik
Komponistinnen zur Zeit der Wiener Klassik
1. Aufl. 1996, 137 Seiten, DIN A5, broschiert, ISBN 3 85320 800 2

Die Autorin befaßt sich in dieser Studie mit Komponistinnen des 18. und beginnenden 19. Jahrhunderts, die in der österreichischen Musikgeschichte – anders als die männlichen Heroen – kaum bekannt sind, obwohl sie im damaligen Wien allgemein geachtet wurden und sowohl im Inland wie im Ausland bedeutende Erfolge feierten.

Interuniversitäre Koordinationsstelle für Frauenforschung und Frauenstudien Linz (Hg.)
Neue Medien und Kommunikation
1. Aufl. 1996, 212 Seiten, 48 s/w-Abbildungen, DIN A5, broschiert, ISBN 3 85320 803 7

Das aktuelle Thema „Neue Medien" wird aus juristischer, technischer, sozialwissenschaftlicher, philosophischer, religiöser und künstlerischer Sicht beleuchtet und dargestellt, damit verbundene Frauenfragen werden aufgegriffen.

Schriftenreihe Management-Wissen

Eva-Maria Raml
Karriere und Familie
1. Aufl. 1993, 184 Seiten, A5, broschiert, ISBN 3 85320 625 5

Die sich verändernde Arbeitswelt macht es notwendig, daß Frauen verstärkt in qualifizierte Positionen aufsteigen. Warum sie nicht in Führungspositionen gelangen und welche außer- und innerbetrieblichen Barrieren auftreten, zeigt diese Diplomarbeit auf.
Eine der größten Aufgaben des Personalwesens wird daher das Auffinden und Ausarbeiten frauengemäßer Formen der Arbeit sein, denn nur in einer flexiblen Gestaltung der Arbeitsplätze wird es Frauen möglich sein, Beruf und Familie zu vereinbaren.

Linzer Kanonistische Beiträge, Band 5, hg. von Univ.-prof. DDr. Herbert Kalb

Dieter Weiß
Das Recht der religiösen und weltanschaulichen Kindererziehung
Staatliche und krichliche Regelungen
1. Aufl. 1995, 310 Seiten, A5, broschiert, ISBN 3 85320 719 7

Die religiöse und weltanschauliche Erziehung der Kinder ist ein Gebiet, das von Literatur und Judikatur meist vernachlässigt wird. Aus diesem Grund erscheint es angebracht, jene Normen zu sichten, die das österreichische Recht zum Schutz der Eltern bei der religiösen und weltanschaulichen Erziehung der Kinder, aber auch zum Schutz der Kinder selbst bietet.

Das Kernstück der vorliegenden Arbeit (Abschnitt II) beschäftigt sich mit den Fragen der verfassungsmäßigen Verankerung und mit der einfachgesetzlichen Ausgestaltung dieses Themas.

Universitätsverlag Rudolf Trauner, A-4021 Linz, Köglstraße 14

KOORDINATIONSSTELLE FÜR FRAUENFORSCHUNG UND FRAUENSTUDIEN DER UNIVERSITÄT LINZ

Leitung: **Univ.-Prof. Dr. Ursula Floßmann**
Wissenschaftliche Mitarbeit: **Mag. Silvia Wiesner**
Sekretariat: **Barbara Gruber**
Adresse: **Altenbergerstr. 69, A-4040 Linz**
Tel: **0043-732-2468-9203, Fax: 0043-732-2468-9212**
E-Mail: **koord.linz@jk.uni-linz.ac.at**

Der Wirkungsbereich dieser universitären Einrichtung erstreckt sich auf die Universität Linz, wobei der Koordinationsstelle folgende Aufgaben zukommen:

- **unterstützt und berät in Angelegenheiten der Frauenforschung, der Lehre zum Geschlechterverhältnis und der Frauenstudien die zuständigen Organe**
- **sammelt und dokumentiert statistische Daten über Frauenforschung, Lehre zum Geschlechterverhältnis und Frauenstudien**
- **fördert die wissenschaftliche Forschung und Lehre von Frauen, besonders die Heranbildung des wissenschaftlichen Nachwuchses durch Information über Daten, über Förderungs- und Finanzierungsmöglichkeiten, über Möglichkeiten der Zusammenarbeit mit Forschungs- und Lehreinrichtungen im In- und Ausland, durch Kommunikation innerhalb der Universität und Herstellung nationaler und internationaler Kontakte durch Öffentlichkeitsarbeit**
- **beobachtet die Studienbedingungen für Studentinnen, informiert und berät die Studentinnen über die Studien, pflegt die Kontakte zu den Absolventinnen**
- **empfiehlt den Universitätsorganen Maßnahmen zur Förderung der Frauenforschung, der Lehre zum Geschlechterverhältnis und der Frauenstudien an der Universität**